KHALADAADKA
BARBAARINTA

KHALADAADKA BARBAARINTA

10-ka Khalad ee ugu Waaweyn iyo Xalalkooda

MUBARAK HADI

LOOH PRESS
LEICESTER | MOGADISHU
1446/2025

LOOH PRESS LTD.

Dhowran © Mubarak Mohamud Saleban (Mubarak-Hadi), 2025
Copyright © Mubarak Mohamud Saleban (Mubarak-Hadi), 2025
Soo Saariddii Labaad, Daabacaaddii Kowaad Abriil, 2025
Second Edition, First Print April 2025

All rights reserved.
Xuquuqda oo dhammi way dhawrantahay.
Buuggan dhammaantiis ama qayb ka mid ah sina loo ma daabici karo loo mana kaydsan karo elegtaroonig ahaan, makaanig ahaan ama hababka kale oo ay ku jirto sawirid, iyada oo aan oggolaansho laga helin qoraaga. Waa sharci-darro in buuggan la koobbiyeeyo, lagu daabaco degellada internetka, ama loo baahiyo si kasta oo kale, iyada oo aan oggolaansho laga helin qoraaga ama cid si la caddayn karo ugu idman maaraynta xuquuqda.

WAXAA DAABACAY:
Looh Press Ltd.
Leicester, England. UK
Muqdisho, Soomaaliya
W: www.LoohPress.com
E: LoohPress@gmail.com
T: +44 79466 86693
T: +252 61 0743445 / +252 61 8707573

Wixii talo ama falcelin ah ka la xiriir qoraaga:
mubarakhadi@gmail.com

NAQSHADAYNTA   : Kusmin (Looh Press)
GALKA   : Looh Press

Cinwaankan wuxuu ka diiwan geshanyahay Maktabada Birittan
A British Library's Cataloguing-in-Publication (CIP) record for this book is available from the British Library.

ISBN:
978-1-912411-52-8   Gal khafiif ah (Paperback Cover)

TUSMO

HIBAYN xi
MAHADNAQ xiii
HORDHAC xv

CUTUBKA 1:
1.0. BARBAARIN AAN AQOON LAHAYN 3
    1.1. Barbaarintu waa Aqoon Xilliyeed 4
    1.2. Barbaarinta Qarniga 21-aad 5
    1.3. Aqoonta iyo Xirfadaha looga Baahanyahay Waalidka ama Barbaariyaha 7

CUTUBKA 2:
2.0. KORIN BILAA BARBAARIN AH 19
    2.1. Waa Maxay Barbaarin? 20
    2.2. Jidhkiisa iyo caafimaadkiisa 20
    2.3. Kobcinta Ruuxdiisa iyo Iimaaniyaadkiisa 21
    2.4. Kobcinta Laxowyada iyo Cilaaqaadkiisa 22
    2.5. Kobcinta Xirfadihiisa 29
    2.6. Kobcinta Maankiisa iyo Habfekerkiisa 33

CUTUBKA 3:
3.0. WAALID AAN HAB-BARBAARINTA KU WADA SOCON 41
    3.1. Maxaa dhaca haddii aanay waalidku hab-barbaarinta ku wada socon? 42
    3.2. Maxaa Keena in Waalidku ku kala Aragti Duwanaado Hab-barbaarinta Ubadka? 45
    3.3. Maxay yihiin Waxyaabaha ay Tahay in Waalidku isla Meeldhigaan? 48

3.4. Haddii la Kala Tago! 51
3.5. Sidee Labada Qof ee kala Tegay Ubadka u Wada Korsan Karaan? 52

CUTUBKA 4:
4.0. CIQAAB BILAA EDBIN AH 61
4.1. Maxay ku kala Duwanyihiin Edbin iyo Ciqaab?. 62
4.2. Dhibta Garaacista 64
4.3. 12 Hab oo Caafimaad Qaba oo aad ku Edbin karto Ubadkaaga 65

CUTUBKA 5:
5.0. QOFKA IYO QALADKA OO AAN LA KALA SAARIN 77
5.1. Maxaa Dhaca Haddii Ilmaha iyo Khaladka uu Sameeyo la kala Saari waayo? 78
5.2. Sidee Khaladka loo Daweeyaa Adigoon Ilmahaaga Dhib u Geysan? 80

CUTUBKA 6:
6.0. HADAL IYO HAB-DHAQAN IS-KHILAAFSAN 87
6.1. Muhiimadda ay leedahay in aad Ilmahaaga Kudayasho Wanaagsan u Noqoto 88
6.2. Waxyaabaha ay Tahay in aan Carruurteenna Hormuud ugu Noqonno 91

CUTUBKA 7:
7.0. NOOLAYN MISE CURYAAMIN? 99
7.1. Maxaa Keena in Ilmuhu Is-diri Waayo oo uu Mas'uuliyad-qaad Noqon Waayo? 100
7.2. Muhiimadda ay Mas'uuliyad-qaadnimadu u leedahay Ubadka 102
7.3. Hababka Aad Ilmahaaga ku Bari karto Mas'uuliyadda 104

CUTUBKA 8:
8.0. BARBAARIN BILAA JACAYL AH 113
8.1. Muhiimadda ay Carruurtu u Qabto in Jacayl loo Muujiyo Waxay Xoojisaa Sidkanaanta Nabdoon

(fosters secure attachment) 115
8.2. Hababka Jacaylka loo Cabbiro 118

CUTUBKA 9:
9.0. UBADKA OO NAF AHAAN LOO BURBURIYO 127
9.1. Barbar-dhigga 128
9.2. Guulguulka 131
9.3. Mushkiladda Guulguulka 133
9.4. Habaarka 133
9.5. Qaylada 134
9.6. Dhaliisha Badan 136
9.7. Cayda 137

CUTUBKA 10:
10.0. MUSHKILADDA MUSHKILADAHA 143
10.1. Maxaa Khalad ah Maxaase Mushkilad ah? 144
10.2. Maxaa Keena in Waalidku Khaladaadka Tarbiya-deed uu Mushkilad ka Dhigo? 146

KU SAABSAN QORAAGA 149
TIXRAAC 151

Dhallaankaan Qur'aankiyo la barin qaafkiyo miimka
Qusurkiyo haddaan looga digin qawgiyo laagga
Waa qaafil korayee haddaan waalid qabanqaabin
Oo aan qalloociyo samaan looba kala qaybin
Hadhaw baan la soo qaban karayn qaladkay geystaane
Maxaa loo qabsanayaa hadduu qar iyo buur jiidho
Qaylo iyo canaan ku ma aflaxo qaankan korayaaye
Miyuu inanku qayrkii ka hadhay waa la quudhsadaye.

Maxamed C. X. Jaamac Luggooyo

Waxaan u hibeeyay hooyaday iyo aabbahay oo u taagan hooyo iyo aabbe kasta oo ubadkooda la soo maray duruuf adag, naftooda, maalkooda, wakhtigooda iyo riyooyinka mustaqbalkoodana u huray tarbiyadda, tacliinta iyo gaarsiinta nolol aanay iyagu helin yaraantoodii.

MAHADNAQ

Ugu horrayn, mahad oo idil Eebbe Wayne ayay u sugnaatay. Eebbe ka sokow, waxaan u mahadcelinayaa xaaskayga Xamdi Cabdullaahi Axmed, oo ah laf-dhabarta qoyskeenna, la'aanteedna aanu buuggani hirgaleen. Waxaan sidoo kale mahad ballaadhan u mahadnaqayaa ustaad Ibraahim Waaberi oo mar ah mataankayga, marna aan wada aasaasnay Machadka Horumarinta Aadanaha ee Pacific (PHD Center), oo tan iyo maantii aan bilaabay buugga qoriddiisa illaa maanta ila garab taagnaa dhiirrgelin iyo toosin, tafatirka buuggana kaalin wayn ka qaatay. Sidoo kale, waxaan u mahadnaqayaa agaasimaha machadka PHD Center, ustaad Caamir Maxamed, oo buugga ku darsaday wax badan.

Waxaan side kale mahadnaq aan lasoo koobi karin u dirayaa qoraayadii, ducaaddii iyo aqoon yahankii kale ee aan bugga u diray ee sida hagar la'aanta ah uga soo fal-celiyay. Waxaan si gaara ugu mahadnaqayaa Dr Sh Axmednuur, Dr. Sh. Axmed Al-yamaani, Dr. Sh. Cali Saalax, Sh. Maxamed Idiris, Sh Abu Dalxa, Sh Xamse Cumar-kujoog, Dr. Zahra Maxamed, Fatxiya Cabsiiye, Ustaad Warsame Bade, Ustaad Asad Caddaani, Macallimad Ubax Warsame, Sh Cabdibashiir, Farax Ayaanle Dayaxweerar, Qoraa Ismaaciil Ubax, Ustaad Cumar Maxammed (Cumar Faaruuq), Sh Maxamed Diini,

Ustaad Maxamed Cumar, Ustaada Xamda Xusseen, Ustaad Cabdalla Shafeey iyo dhammaan inta aan magacyadooda ka tegay ee hagidda iyo hogatusaalaynta ila garab joogay tan iyo intii aan buugga qoriddiisa bilaabay.

Ugu dambayn, waxaan u mahadnaqayaa Maxamed Axmed (Qaan-diid) oo jaldiga quruxda badan ee buugga ku sameeyay iyo Ustaad Boodhari Warsame oo buugga tafatiray, qurx kasta oo uu buugga yeeshana qayb ka ah.

Dhammaantiin waad wada mahadsantihiin.

HORDHAC

Barbaarintu waa seeska iyo barroosinka ay bulshadu ku dul dhisantahay. Waxa uu facba faca ka dambeeya u gudbiyaa dhaqanka, qiyamka, aqoonta iyo adduun-araggiisa. Barbaarintu waxay qofka u qaabeysaa sidii dhagax-qoraha (sculptor) oo kale, waalidkuna wuxuu qoraa oo qaabeeyaa maanka iyo maskaxda ilmaha. Wuxu ilmaha yar u diyaariyaa hab-dhaqankii wanaagsanaa ee uu bulshada ku la fal-geli lahaa ugana mid noqon lahaa. Waalidku, sida uu cuntada iyo cabitaanka ugu quudiyo ubadka ayuu si la mid ah ilmaha ugu quudiyaa diinta, dhaqanka, akhlaaqda iyo qaayasoorka wanaagsan ee ay ka mid yihiin kalsoonida, ixtiraamka, run-sheegga, wax-wadaagga, naf-xakamaynta, mas'uuliyadda, adkaysiga iyo boqollaal qaayasoor oo ah dunta iyo suufka ay ka samaysantahay bulshada wanaagsani. Hadba, nooca hab-barbaarineed ee bulshada dhexdeeda ku baahansan baa waxaa ka dhasha nooca hab-dhaqan ee ay bulsho yeelanayso. Bulshadu waa qof, qofaf iyo qoysas isu tagay oo wada nool. Hadba muuqaalka ay bulsho yeelato, waa incikaaska (reflection) ka dhashay nooca hab-barbaarineed ee bulshadaa dhexdeeda ku baahsan.

Haddaba, kolka aad fahanto saamaynta ay hab-barbaarintu ku leedahay samaysanka hab-dhaqanka bulshada, isla jeerkaasna aad u fiirsato bulshadeenna, waxaad ogaanaysaa in xidhiidh wayni ka dhexeeyo nooca hab-barbaarineed ee aynnu leennahay iyo hab-dhaqanka aad ka dheehanayso qofka Soomaaliga ah ee maanta nool. Waxaad ogaanaysaa in hab-barbaarinteennu wax badan ka khaldan yihiin oo aanay soo saari karin qofka Soomaaliga ah ee aan dhab ahaan u baahannahay in uu inoo soo boxo.

Waxaan haddaba buugga si fudud oo misana luxdan ugu soo gudbinayaa 10 khalad oo waawayn, khaladaad badanoo kalana ay soo hoos galayaan, oo hab-barbaarinteenna ka khaldan. Sidoo kale, khaladaad kali ah ku ma saabsana buuggu, ee wuxuu khalad wal u soo ban-dhigayaa xalkii lagu cilaajin lahaa.

Khaladaadka iyo mushkiladaha waawayn ee barbaarinta ina ka haysta ee uu buuggu cilaajinayo waxaa ka mid ah:

- Ubadka ma barbaarinno ee waan korinnaa, korinta iyo barbaarintana farqi wayn baa u dhexeeya sidaan gudaha buugga ku arki doonno, idam Alle.
- Barbaarinteennu waxay ku salaysantahay taqliid, ma aha mid aqoon ku salaysan. Iyadoo ay maanta aqoonta, xirfadaha, iyo tabaha barbaarintu meel wal buuxaan xogteeda, ayaan haddana weli ubadkeenna u tarbiyaynayno sidii innagu waalidkeen inoo soo barbaariyay.
- Barbaarinteennu ma aha mid ay waalidku wada shaqaynayaan. Ilmuhuna hadduu waayo hooyo iyo aabbe hab-barbaarinta ku wada socda, waxaa ku dhaca khalal tarbiyadeed oo waynidiisa saamayn hab-dhaqan iyo mid nafsiyadeedba ku yeesha.
- Mushkilaadka waawayn ee sidoo kale barbaarinta ina ka haysta waxaa ka mid ah ciqaabta iyo edbinta oo isaga kaaya khaldan. Haddaad u fiirsato, ina ku ilmaha ma edbinno ee waan ciqaabnaa.
- Khaladaadka waawayn ee waalidku galo waxaa ka mid ah in waalidku ilmaha nooleeyo laakiin uu nooleeyo noolayn ilmaha curyaaminaysa. Mid ka mid

ah shaqooyinka ay tahay in barbaarintu qabato waxa weeye in ay soo saarto ilme is-diraya, isku filan, isku kalsoon, mas'uuliyadqaad ah oo noloshana la falgeli kara. Barbaarinteennuse waxyaabaha ay ku guul-darraystay bay ka mid tahay, haddaad hab-dhaqanka bulshadeenna u fiirsatana si cad kuugu muuqanaya.

- Hab-barbaarinteenna iyo guud ahaanba hab-dhaqankeennu waa mid ka arradan jacaylka iyo cabbiristiisa. Waxaan badanaa isku khaladnaa daalka iyo shaqada badan ee uu waalidku ilmihiisa u qabanayo oo isaga dareensiinaysa in uu ilmihiisa jecel yahay, iyo sida uu ilmaha yari jacaylka u yaqaan.
- Khaladaadka iyo mushkiladaha waawayn ee barbaarinteenna hadheeyay waxa ka mid ah qaylada, guulguulka, garaacista, cayda, barbardhigga iyo erayada taban ee ilmaha intaa lagu leeyahay ee naf ahaan u burburinaya. Waalidku wuxuu intaa u dedaalayaa oo u daalayaa in uu soo saaro ilme isku filan oo if iyo aakhiraba liibaana, haddana isla isagii baa naf ahaan u burburinaya, mana oga in uu sidaa yeelayo!

Khaladaadkaa iyo mushkiladahaa barbaarineed iyo kuwo kale ayuu buuggu si fudud oo ay cid waliba akhrin karto misna wax ka korodhasan karto u soo gudbinayaa, isagoo ku ladhaya khalad wal iyo xalkii lagu cilaajin lahaa.

    Mubarak Mohamud saleban (Mubarak-Hadi)
        Minneapolis, Minnesota,
              USA

CUTUBKA 1
BARBAARIN AAN AQOON LAHAYN

1.0. BARBAARIN AAN AQOON LAHAYN

> Ku barbarbaariya ubadkiinna xilliga ay noolyihiin e ha u barbaarinnina sidii idinka la idiin soo barbaariyay, waayo waxaa loo abuuray xilli ka duwan xilligiinna.
>
> **Cadbullaahi Ibn Zubeer**
> *Allah ha ka raalli ahaadee.*

Waxaa la yidhi, nin baa wuxu u soo galay xaaskiisa oo kalluun dubaysa, dabadeedna waxa uu arkay iyadoo kalluunka qaarka dambe ka jaraysa. Wuxu ku yidhi, "Gacalliso, maxaad kalluunka qaarka dambe uga jartaa kolka aad dubayso?" Inta ay cabbaar yar aammustay bay ku tidhi, "Ma garanayo, hooyaday oo sidaa samaysa uun baan arki jiray." Wuxu ku yidhi, "Miyaad garanaysaa sababta ay hooyadaa sidaa u samayn jirtay?" Waxay tidhi, "May." Gabadha hooyadadeed baa maalintii dambe la waydiiyay sababta ay kalluunka qaarka dambe uga jari jirtay kolka ay karinayso. Waxay tidhi, "Wallaahi, aniguna hooyaday uun baan arki jiray oo kalluunka qaarka dambe ka jarta markay dubayso."

Nasiib wanaag, ayeydii baa noolayd, iyadaa maalin dambe la waydiiyay sababta ay iyaduna kalluunka qaarka dambe uga jari jirtay. Waxay tidhi, "Ayeeyo, waxaan sidaa u samayn jiray, weel igu filan m aan haysan." Ayeydu waa runteed oo wakhtigeedii weel ku filan ma ay haysan oo kalluunka mar u wada qaada, laakiin gabadheedu iyadoo haysata weel kii hooyadeed weel ka waasacsan, ayay tabtii hooyadeed samayn jirtay samaysaa, gabadhii ayeeyada loo ahaana isma ay waydiin sababta, oo iyadoo laga yaabo in ay haysato weel wayn oo kalluunka mar u wada qaada, waatan haddana kalluunkii weli qaarka dambe ka jaraysa!

Maxaan uga socdaa sheekadan? Mid ka mid ah dhibaatooyinka waawayn ee barbaarinta innaga haysta waxa weeye, hab-barbaarin aan aqoon ku salaysnayn oo uun la isaga daydo. Hooyadu waxay ilmaheeda u barbaarinaysaa sidii iyada ay hooyadeed u soo barbaarisay, gabadhiina waxay carruurteeda u barbaarinaysaa sidii iyada iyo hooyadeed loo soo barbaariyay, aabbuhuna waa la mid.

1.1. Barbaarintu waa Aqoon Xilliyeed

Barbaarintu waa aqoon, weliba waa aqoon xilliyeed, oo kolba xilliga la joogo ayay u baahantahay in ubadka lagu barbaariyo. Odhaahdaa aan cutubka hordhaca uga dhiganay, Saxaabigii waynaa, Cabdullaahi ibnu Zubeer, RA, wuxuu leeyahay, "Ku barbarbaariya ubadkiina xilliga ay noolyihiin, ha u barbaarinnina sidii idinka la idiin soo barbaariyay, waayo waxaa loo abuuray xilli ka duwan xilligiinna." Fac wal hab-barbaarintiisu waxay u baahantahay in ay ku salaysnaato wadciga uu ku noolyahay.

Kolkii aad adigu soo barbaaraysay waxaa jiray dhibaatooyin casrigaaga u gaar ahaa oo laga yaabo in aanay jirin xilligii ay hooyadaa iyo aabbahaa barbaarayeen. Ilmahaaguna wuxu noolyahay xilli si walba uga duwan kii aad adigu ku soo barbaartay. Billaahi calayk, bal ila suurayso inta mushkiladood ee aan adiga ku haysan xilligii aad soo koraysay ee maanta ilmahaaga haysta. Tusaale ahaan, anigu waxaan barbaaray sagaashameeyadii, adigu iska dheh wixii 2000 ka horreeyay.

Haddaan is-barbardhigo mushkiladihii wakhtigayga ee la ii diyaarinayay sidii aan u la tacaali lahaa iyo mushkiladaha wiilkayga iyo gabadhayda xilligan hor yaalla, waa kaaf iyo kala-dheeri. Waxa la yidhi, nin Carbeed oo dagaalyahan ahaa baa waxa haleelay waran isagoo dagaal ku jira. Markaasaa lagu yidhi, war nin dagaalyahan ah baad ahayde maxaad waranka isaga celin wayday oo aad gaashaanka ugu daruuri wayday? Wuxu yidhi, "Hadduu waran kali ah ahaan lahaa gaashaankaan u daruuri lahaaye, waran baa igu yimi, oo mid lababaad baa igu yimi, oo mid saddexaad baa igu yimi, oo kaaga darane, jihooyinka oo dhan bay iiga yimaaddeen!

Dhab ahaantii, maanta ubadkeenna waxa haysta intaas oo mushkiladood, waalidkiina waxay rabaan in ay ilmahooda u barbaariyaan sidii iyaga loo soo barbaariyay.

1.2. Barbaarinta Qarniga 21-aad

Waxaynnu noolnahay xilli haddii aad degalka (website) Amazon uun aad geliso erayga "parenting" ay kaaga soo baxayso 50,000 oo geshiimo in ka badan oo ka kooban buugag, cajalado iyo agab kale oo barbaarineed. Sidoo kale, googalka haddaad ku qorto isla eraygaa "parenting" waxa kuu soo baxaya 818,000,000 geshiimo (siddeed boqol, siddeed iyo toban milyan); waa ku-dhawaad hal bilyan oo xogo, wacaal iyo agab barbaarineed ah. Haddaad Youtube-ka eegtana waa la mid.

Kolka la isku daro xogaha barbaarinta ku saabsan ee luqadaha kala duwan ee dunida lagaga hadlo lagu soo gudbinayo, waxaad helaysaa malaayiin kale oo uu qofku ka helayo xogo iyo wacaal ku saabsan aqoontii barbaarinta oo dhan; haddii ay tahay mabaadi'deeda, tabaheeda, hababkeeda, xirfadaheeda, qawaaciddeeda iyo xeelado tiro-beel ah oo aad barbaarinta habboon u adeegsan kartid. In badan oo waalidka ka mid ah waxaa laga yaabaa kolka ay maqlaan meelo fara badan oo lagaga hadlayo buugag, koorasyo, ama muxaadarooyin barbaarineed in ay is-yidhaahdaan carruurtii baa dhaqankoodii xumaaday, sababtaasaa keentay in maanta aad looga hadlo barbaarinta.

Carruurta dhaqankoodu ma uu xumaan oo iyagu isma ay baddeline, waxaa yimi wakhti iyo duruuf ka duwan tii aynnu innaku naqaannay. Koorsooyinka, muxaadarooyinka iyo buugagga soo batay in ay carruurtii xumaatay oo loo maaro la' yahay ka ma dhigna ee waxay tilmaamaysaa in wadcigoodii is-baddelay. In badan oo qurbaha u hayaamayna waxaa isugu darsamay xilligii oo isbaddelay iyo iyagoo tagay goob ka duwan kii ay iyagu yaqaanneen.

Haddaba, kolka laga tago in wadcigu isbaddelay, hadal-haynta faraha badan ee barbaarinta ku saabsani ma tilmaamayso in wax khaldanyihiin e waxay tilmaamaysaa in carruurteennu ina ka nasiib badanyihiin. Waayo, waalidkoodu waxay haystaan agab iyo aqoon ka ballaadhan tii ay ayeeyooyinkood iyo awowyaashood haysteen. Hooyada iyo aabbuhu waxa ay ubadkooda siin karaan barbaarin ka wanaagsan tii ay iyagu soo mareen.

Taa macnaheedu ma aha in hooyooyinkood iyo aabbayaashood ahaayeen barbaariyeyaal aan wanaagsanayn. Way ahaayeen, laakiin waxa koobnaa aqoonta iyo agabka ay adeegsan karayeen, sida ayeydii kolka ay kalluunka dubayso qaarka dambe ka jari jirtay, maaddaama aanay haysan weel u wada qaada kalluunkoo dhan. Gabadheedu se waxa ay heli kartaa weel ka ballaadhan kii ayeydeed oo kalluunka u wada qaada, waa se haddii ay ku baraarugto sababta ay ayeydeed sidaa u samayn jirtay in ay ahayd in aanay weel ku filan haysan, laakiin ay iyadu weel wayn oo kalluunka u wada qaada haysato.

Haddii hooyada iyo aabbuhu fahmaan in wakhtigu isbaddelay, wadciguna isla baddelay, oo ay isku hubeeyaan aqoon, xirfado iyo tabo ku saacidaya barbaarinta toolmoon, waxaan is-leeyahay, Eebbe idankii, waxaan soo saari karnaa ilmo guulaysta if iyo aakhiro, carruurtoodana u geysan maayaan dhibaatooyin ku keena in ay turunturrooyinka iyo turxaanta nolosha u babacdhigi kari waayaan.

1.3. Aqoonta iyo Xirfadaha looga Baahanyahay Waalidka ama Barbaariyaha

Waxaa laga yaabaa in hooyada iyo aabbuhu ay yihiin dad wax soo bartay oo jaamacado soo dhigtay, oo ku dhawaad dhowr iyo toban sano dhiganayay iskuul, hadafka laga leeyahayna ay tahay in ay hadhow ka caawiso shaqo ay 8 saacadood ka shaqaynayaan una shaqaynayaan qof kale. Laakiin, waxay u badantahay in isla hooyadaa iyo aabbahaa jaamiciyiinta ah ay ummiyiin ka yihiin barbaarinta toolmoon. Sababta ma taqaan? Shaqo waliba waxay leedahay aqoon ay tahay in la barto ka hor inta aan la gelin.

Haddii aad Phd ku haysato fisikis, ama taariikh ama shareeco, kaa dhigi kari maryso barbaariye wanaagsan oo saamayn leh illaa aad aqoon u yeelato tarbiyada. Aqoonta barbaarintu waa bad aan xeelli lahayn oo mar wal oo aad wax ka sii kordhisataba waxaad arkaysaa xaajo aad garan waydo meel aad u saarto. Dr. Cabdikariim Bakkaar oo ah mid ka mid ah culimmada iyo mufakiriinta casrigeenna ugu aqoonta iyo waxsoosaarka badan, ayaa isagoo 8 buug ka qoray sida faca koraya loo tarbiyeeyo waxna loo baro, 8 buug oo kalana si gaar ah wax uga qoray barbaarinta ubadka, ayaa mar uu goob ka hadlayay yidhi, "Anigoo intaas oo wakhti ah geliyay, ayaan haddana jawaab u waayaa waydiimaha ay waalidka qaar i soo waydiiyaan."

Waxa ugu wacanna wax kale ma aha e, waa in xogta iyo wacaalku maanta xaami yahay, intaana kordhayo oo la leeyahay labadii sanaba xogta iyo wacaalku wuu labajibbaarmayaa, illaa heer la tilmaamo in la filayo dhawaan in 13 kii sacadoodba ay xogtu mar labajibbaaranto. Maaddaama ay xogtu iyo wacaalku bad-wayn noqatay, oo laga yaabo qofku in aanu garanayn halka ay tahay in uu wax ka bailaabo, waxaan soo gudbinaynaa aqoonta iyo xirfadaha waalidka looga baahan yahay in uu wax ka ogaado si ay barbaarintiisu u wanaagsanaato, kuwaasoo ay ka mid yihiin arrimahan hoos ku xusan.

Fahmidda Ilmaha: Arrimaha muhiimka ah ee ay tahay in waalidku aqoon u yeesho waxa ka mid ah wax ka ogaanshaha ubadka iyo sida ay u kala duwanyihiin. Waxa laga yaabaa in midkeen hadduu mashiin soo iibsado, mashiinkaasina isticmaalkiisu uu ku cusubyahay oo aanu misana qoladii uu ka iibsaday soo raacin wax buug-tusmeed ah *(handbook)*, waxaa laga yaabaa in uu qoladii uu ka soo iibsaday dib ugu celiyo ama uu la raadsado cid mashiinkaa aqoon u leh oo u rakibta.

Ka warran hooyada iyo aabbaha haysta 4 carruur ah oo si walba u kala duwan, misana aan buug iyo labo ka akhrin ama kooras iyo labo ka qaadan sidii ay u barbaarin lahaayeen. Mushkilaadkeenna waxa ka mid ah, in qofku si uu gaadhi u wado, ay tahay in uu leesan gaadhi wadis ah soo qaato, si uu shaqo yar oo 8 saacadooda ahoo uu cid kale u shaqaynayana uu dhowr iyo toban sano oo waxbarasho ah u soo qaato, laakiin shaqada dhan ee 24 saacadood ah, ee 365 maalmood fasax laga qaadanayn, in uu qofku ku qanacsanaado in aanu kooras iyo boog ka raadsan.

Ubadkeennu waa kala duwanyihiin. Baahiyhoodaa kala duwan, da'doodaa kala duwan oo da' waliba waxa ay u baahantahay in aqoon loo yeesho sidii barbaarinta ku habboon loo siin lahaa. Marxaladaha ay ilmuhu marayaan baa kala duwan oo marxalad walba waxay leedahay caqabado ay tahay in lagu baaraarugsanaado si loogu dulqaato. Marxalad wal waxay leedahay baahiyo u gaar ah oo ay tahay in ilmaha loo buuxiyo, haddii loo buuxin waayana ay ka dhalanayso cawaaqib ilmaha hadhow dhib ku noqota.

Waxaa kala duwan ubadka garaadkooda iyo hibooyinkooda oo u-fiirsasho u baahan, si loo badhitaaro ama looga caawiyo in ay hibooyinkaa ku sii wanaagsanaadaan. Sida ay wax u bartaan baa kala duwan; ma jiro ilmo damiin ah, laakiin waxa jira ilmo u baahan in habkiisa waxbarasho la fahmo, si loo caawiyo. Luqaddooda jacayl baa kala duwan oo uu mid waliba u baahanyahay in taangigiisa jacayl loo buuxiyo. Haddaba, hooyada iyo aabbuhu waxay u baahanyihiin in ay wax ka ogaadaan kala-duwanaanta ilmaha; marxaladahooda, baahiyahooda, dabicyadooda, da'dooda, gaabisyadooda iyo awoodahooda, si barbaariyuhu uu ilmaha u caawin karo.

In Waalidku isagu is-barto: Waxyaabaha kale ee ay tahay in waalidku aqoon u yeesho waxaa ka mid ah naftiisa. Sida ay tahay in waalidku ilmihiisa aqoon ugu yeesho ayay tahay in uu isaguna aqoon naftiisa u yeesho. Qof wal waxa gudihiisa ku jira caalam dhan oo saamayn ku leh waxa ku hareeraysan iyo sida uu u la macaamilayo. Waxaaba la yidhaahdaa dunida dibadeed ee qofku waa uun hummaagga ama incikaaska dunida gudeed ee qofka (Afkaartiisa, dareemmadiisa, mafaahiimtiisa, qaab-sawirashooyinkiisa, iwm).

In badan oo ka mid ah sida aynnu nolosha u aragno, waxa midabeeya ee u yeela muuqaallada aynnu ka dhex aragno waa dunida innagu dhex qarsoon. Dunida inoo muuqata waxay muraayad u tahay uun dunida ina ku dhex qarsoon. Hadba hab-fekerkeennu sida uu yahay (tognaan iyo tabnaan) ayaynu dunida ku qaabbilaynaa. Hadba mafaahiimteennu inta ay le'egtahay uun baan dunidana ka fahannaa. Hadba sida uu yahay dareen-laxaweedkeenna gudeed uun baan dunidana ku la falgalnaa. Haddaan si kale u dhigo, dunida ina ku dhex qarsoon sida ay u egtahay uun bay dunida muuqataana u eekaanaysaa. Taa macnaheedu waa maxay?

Marar fara badan, sida aan u la macaamilayno dadka ina ku hareeraysan oo ay carruurtu ugu mudan yihiin, waxan ku la dul dhacnaa cadho ay keentay xasillooni daro gudaheenna ka jirta. Haddii aanu qofku naf-ogaal yeelan oo aanu isu warhayn, culaysyo badan oo isaga haystay dartood buu carruurtiisa ugu dulqaadan kari waayayaa, kolkaasaa laga yaabaa in uu garaaco, ku qayliyo ama uu ku yidhaahdo erayo taban oo ilmaha duunkiisa iyo dareenkiisaba wax u gaysan kara.

Wadahadalka Toolmoon: Aqoonta iyo xirfadaha kale ee ay tahay in ay waalidku wax ka ogaadaan waxa ka mid ah, wadahadalka toolmoon. Wadahadalku, waxa uu laf-dhabar u yahay cilaaqo samaynta, cilaaqaduna waxay boqolkiiba 80% ka tahay barbaarinta wanaagsan. Marka ay cilaaqadiinnu wanaagsanaato, ee aad ilmaahaaga qalbigiisa furato, ayuun baa waxa aad u sheegtaana ku duxaysaa, waxa aad ka reebtana maqlayaa. Haddii se ay cilaaqadaasi xumaato, dhag jalaq kuu siin maayo.

Badi qaab-wadahadlka waalidka iyo carruurtooda ka dhexeeya haddaad eegto, waa mid uun hal dhinac ka socota oo ku salaysan xaqiiqo raadin iyo amar. Ma cuntay? Ma cabtay? Casharkii ma ka shaqaysay? Salaaddii ma tukatay? Kac seexo! Kac tuko! Orodoo cab! Casharka akhri! Waa uun wadahadal hal-waddoole ah, wadahadlka toolmoon se waa labo-waddoole. Wadahadalka wanaagsani waa mid ku salaysan labo dhinac oo mid waliba markiisa la dhagaysanayo oo uu qof waliba cod leeyahay, in la fahmayna la dareensiiyo.

Barbaarintaadu ma hagagsanaan karto haddii aanay wanaagsanaan cilaaqada adiga iyo ilmahaaga idin ka dhaxaysa. Xidhiidhkaasina ma wanaagsanaan karo, haddii aydaan wadahadal toolmoon lahayn. Mid ka mid ah khaladaadka waalidku sameeyaan waxa ka mid ah in iyagu uun in la dhagaysto ay rabaan, oo ay kolka uu ilmuhu wax khaldaba ay hooyadu ama abbuhu ilmaha muxaadaro dheer u galo. Taasi wadahadal toolmoon ma aha e waa uun amar iyo askariyayn. Mid ka mid ah baahiyaha uu ilmuhu u qabo waa in la dhegaysto, laga qaybgaliyo, oo la waydiiyo khaladka uu sameeyay sababta uu sameeyay iyo in uu ka qaybqaato sidii ay isaga laftiisa uga iman lahayd qayb ka mid ah xal u helidda khaladkiisan soo noqnoqday.

Edbinta Habboon: Edbintu waxay ka mid tahay arrimaha waawayn ee barbaarinteenna ka khaldan. In badan oo waalidka ka mid ah, edbinta waxay u arkaan uun in ay tahay garaacis, qaylo, iyo in ay tahay carruurta oo la ciqaabo. Edbintu ma aha ciqaab iyo garaacis toona. Edbinta waxa aalaaba lagu khaldaa ciqaabidda, laakiin waa labo fikradood oo aad u kala duwan. Edbintu waa hab iyo hannaan darafyo badan, taasoo diiradda saaraysa waxbaridda, hagidda, iyo qaabaynta hab-dhaqanka qofka, halka ciqaabiddu ay tahay uun hab lagaga falceliyo cid xadgudub la timi.

Edbintu way dhaafsiisantahay in ilmaha la garaaco, la ciqaabo oo la dhibaateeyo, waa se hab aasaasi ah oo la rabo in lagu koriyo ilmaha shaqsiyaddiisa iyo qofnimadiisa, sidoo kalana uu u baran lahaa sidii uu mas'uul uga noqon laha go'aammada iyo ficillada uu samaynayo. Sidaa daraaddeed, waa muhiim in uu waalidku wax ka ogaado xirfadaha iyo aqoonta edbinta, weliba mawaadiicda ay ka mid yihiin hab-edbinta togan, joogtaynta, hab-edbinta ku habboon da'da kala duwan ee carruurta, sida loo xoojiyo hab-dhaqanka wanaagsan ee carruurta kan silloonna looga joojiyo iyada oo aan qaylo iyo garaacis lahayn.

Daryeelka Nafta iyo Maaraynta Karkabada: Barbaarintu waa shaqo adag oo u baahan awood jidheed, mid maskaxeed iyo mid laxaweedba (*emotional*). Daryeelka nafeed ee uu waalidku naftiisa u sameeyo waxay ka caawinaysaa in uu tamar iyo adkaysi u yeesho caqabadaha waalidnimo ee maalinlaha ah. Sidaan kor ku soo xusnay, marar badan waxa dhaca in karkabada, culayska iyo xasilloonnidarrada ka jirta gudaha waalidka ay ilmaha u gaysato dhibaatooyin badan oo aan waalidku dhaaddanayn. Waa muhiim in waalidku, weliba hooyadu, ay daryeesho nafteeda, si ay uga hortagto daalka, caafimaadkeeda maskaxeedna ay u daryeesho. Wax ka ogow ilaha karkabooyinkaagu ka yimaaddaan.

Sidoo kale, u fiirso oo baro ishaarooyinka iyo calaamadaha jidhkaagu ku siiyo kolka aad karkabaysantahay. Waxa jira kuwo jidheed, kuwo laxaweed iyo kuwo maskaxeed. Qaado koorasyo ku saabsan daryeelka nafta iyo maaraynta karkabada. Sidoo kale, daawo muuqaallada Youtube-ka ka buuxa ee ka sheekeenaya sidii ay hooyadu nafteeda u daryeeli lahayd, karkabadeedana u maarayn lahayd. Maaraynta karkabadu waxay ka mid tahay koorsooyinkii aan dhowrkii sano ee la soo dhaafay siinayay waalidka. Waxaan wax badan yaqiinsaday in badi hooyooyinka Soomaaliyeed, weliba kuwa qurbaha ku nool, ay la nooliyihiin karkabo daba dheeraatay (*chronic stress*).

Maaraynta Cadhada: Maaraynta cadhadu waa u daruuri barbaarinta, waayo sida aad cadhadaada u maamusho iyo sida aad cadhadaada u cabbirtaba waxay saamayn wayn ku yeelanaysaa bedqabka iyo korriimada ubadkaaga.

Maaddaama ay barbaarintu tahay shaqo karkabo miidhan ah, mararka qaarkoodna ay kugu jihaynayso xaalado jahwareer iyo cadho leh, maaraynta uu waalidku yaqaan sida uu cadhadiisa u xakamayn karo waxay ka caawinaysaa in uu maamuli karo laxawyadiisa, si togan oo degganna uu uga falcelin karo xaaladaha adag. Waxay ka hor joogsan karaysaa qaylada iyo garaaca habka cadhada leh ee ay waalidku badi carruurtooda ku la dul dhacaan, waayo wuxuu leeyahay tabo iyo ogaal uu uga hortago dareenkiisa cadho ee kacaya.

Xudduud Samaynta: Xudduud u samaynta carruurtu waxay muhiim u tahay barbaarinta habboon. Waxay barbaarinta siisaa qaabdhismeed barbaarintu u soconayso, haddii ay tahay filashooyinka iyo xeerararka guriga u yaalla sida loo dhaqan gelinayo. Xudduud samayntu waxay ubadka bartaa mas'uuliyadda iyo isla-xisaabtanka. Kolka waalidku carruurta u sameeyo filashooyin cad cad oo ay ilmuhu ogyihiin iyo cawaaqib laga dhaxlayo, carruurtu waxay bartaan in ficilladooda ay mas'uul ka yihiin. Waxay sidoo kale bartaan in ay yeeshaan dareen isla-xisaabtan iyo in ay fahmaan ixtiraamka xudduudaha xaaladaha kala duwan ee nolosha.

Dhanka kale, xudduud u samaynta waxaa carruurta ugu jirta badbaado nafeed. Waxay xudduud samayntu abuurtaa hab-dhis haykalaysan oo uu si cad ugu fahmo waxa la aqbali karo iyo waxa aan la aqbali karin. Marka ilmuha guriga lagu baro waxa san iyo waxa silloon, waxa diinta iyo dhaqanka bulshadiisa ku habboon ee laga aqbali karo iyo waxa aan habboonnayn ee aan laga aqbali karin, hadhow markuu waynaado ee uu dadka iyo nolosha soo dhex galo wuu ku dhex badbaadayaa. Haddii se aanu guriga toosintaa ku soo helin wuxuu bulshada ka dhex noqonayaa qof bulshadu ay ku dhib qabto ama isagu bulshada dhexdeeda ku dhib qaba, maaddaama aanu haysan halbeeg saxan.

Joogtaynta: Joogtayntu waa mid ka mid ah xirfadaha ugu mudan barbaarinta. Waxay ubadka u abuurtaa bay'ad xasilloon oo uu ilmuhu wax filan karo waxna saadaalin karo, taasoo faa'iido badan u leh bedqabka guud ee carruurta. Joogtayntu waxay carruurta iyo waalidkaba u leedahay faa'iidooyin door ah oo ay ka mid yihiin kuwa soo socda:

- **Filasho cad oo la saadaalin karo:** Joogtayntu waxay barbaariyaha ka caawisaa in uu abuuro filashooyin iyo marin-raacyo cad cad. Haddaanay jirin filasho waalidku leeyahay iyo xeerar cad cad oo uu carruurta ku edbinayo, taa macnaheedu waxa weeye in aanay wax la raacaaba meesha jirin.

    Sidoo kale, haddii ay jiraan xeerar iyo filashooyin cad cad oo aanay jirin joogtayntii la joogtayn lahaa xoojinteeda iyo la-xisaabtankeeda, waxaa macne beelaya xeerarkaa barbaariyuhu ubadka u sameeyay. Sidaa daraaddeed, joogtayn waxay muhiim u tahay filashooyinka iyo marin-raacyada barbaariyuhu ubadka u dejinayo.

- **Xudduud Abuur:** Kolka waalidku joogtaynta dhaqangeliyo, waxay xoojinaysaa xudduuddii iyo xeerarkii waalidka uu ku xakameynayay hab-dhaqanka ilmaha. Kolka waalidku si joogto ah u dhaqangeliyo ganaaxyada ka dhalanaya ficilladooda, carruurtu waxay baranayaan in ay jirto ficil iyo wax ka dhasha (cause and effect), taasoo runtii aan guriga iyo waalidka uun ku koobnayne ka caawinaysa in uu fahmo sida ay noloshu u shaqayso.

- **Aamminaad:** Joogtayntu waxay sidoo kale dhistaa aamminaadda waalidka iyo ubadka ka dhexeysa. Marka waalidku joogteeyo oofinta ballanqaadyada uu sameeyo, hab-edbintiisuna ay yeelato meel loogu soo raaco, ilmuhu waxay bartaan aamminaadda erayga iyo ficilka waalidka. Haddii se, sida badi dhacda, waalidku uu maalin walba ilmaha filasho iyo xeerar u dhigo, hadhowna aanu joogtayn ama ballanqaad uu mar walba u sameeyo misana aanu oofin, ilmuhu dan iyo heello ka geli maayaan erayadaada iyo ficilladaada, waayo waxay ogyihiin in aanay hooyo iyo aabbe wax joogtayn e ay kali ah wax iska yidhaahdaan. Waxa joogtayn la'aanta ku luma wax badan oo ay xataa ka mid tahay haybaddii laga haybaysanayay iyo culayskii uu waalidka lahaaba.

Ugu dambayn, waalidka xirfado badan oo ay ugu mudanyihiin kuwaa aan soo xusnay bay u baahanyihiin in ay bartaan, si ay u noqdaan barbaariyeyaal wanaagsan. Waajibka innaga saaran shaqada barbaarintu, waxay innaga dalbeysaa aqoon iyo baraarug ballaadhan. Innagoo intaasoo aqoon ah ay ina ku hareeraysan yihiin, ceeb bay ina ku noqonaysaa in aynnu ku qanacno in aynnu ilmaha isaga sii barbaarinno sidii ay waalidkeen ama ayeeyooyinkeen iyo awowyaasheen ilmaha u barbaarin jireen, waayo iyagu ma ay haysan aqoonta, xirfadaha iyo asaaliibta aynnu haysanno. Iyagu intii ay yaqaanneen bay shaqadoodii ku guteen, innagu se haddaynaan aqoonteenna barbaarinta kordhin ogow ma lahaan doonno wax cudurdaar ah iyadoo ay aqoontaasoo dhan ina hor taallo.

TALOOYINKA CUTUBKA

- Barbaarintu waa aqoon, weliba waa aqoon xilliyeed. Ha u barbaarin ubadkaaga sidii adiga laguu soo barbaariyay, waayo waxay ku nool yihiin wakhti iyo xaalado ka duwan kuwii aad adigu ku soo barbaartay.
- Sababta maanta barbaarinta barashadeeda looga hadlayo, ma aha ilmuhu is baddelay, carruurta dhaqankoodu ma uu xumaan, ismanay baddeline, waxaa yimi wakhti iyo duruuf ka duwan tii aynnu innaku naqaannay.
- Dhis aqoontaada barbaarinta la xidhiidha - baro kala duwanaanta carruurta, baahiyahooda, awooodahooda, iimahooda, hibooyinkooda, luqaddooda jacaylka, iyo qaababka ay wax u bartaan si aad mid wal usiin karto barbaarinta ku habboon ee uu u baahan yahay.
- Haddii aad Phd ku haysato fisikis, ama taariikh ama shareeco, kaa dhigi kari maryso barbaariye wanaagsan oo saamayn leh illaa aad aqoon u yeelato tarbiyada.
- Baro xirfadaha aasaasiga ah ee barbaarinta sida: maxaladaha ubadka, wadahadalka toolmoon, edbinta habboon, xuduud u samaynta, joogtaynta, maaraynta cadhada, maaraynta waqtiga, fahmidda naftaada iyo daryeelka nafta iyo maaraynta karkabada.

CUTUBKA 2
KORIN BILAA BARBAARIN AH

2.0. KORIN BILAA BARBAARIN AH

> **"** Korinta ubadka oo ah in ilmaha cunno iyo cabbitaan la siiyo, la ilaaliyo oo la daryeelo badi noolaha oo idil wuu ka simanyahay. Aadanuhu se, maaddaama uu aadane kale dhalayo oo ay mas'uuliyaddiisu saarantahay, korin kali ah ku ma filna ee waa in uu tarbiyeeyo oo barbaariyo.
>
> **Cadbullaahi Ibn Zubeer**
> *Allah ha ka raalli ahaadee.*

Farqi wayn baa u dhexeeya korinta iyo barbaarinta. Badi bulshadeennu ilmaha way **koriyaan** mase **barbaariyaan.** Waxa laga yaabaa inaad is-waydiinayso farqiga u dhexeeya korinta iyo barbaarinta. Korintu waa ilmaha oo aad ka korisid qayb ka mid ah noloshiisa. Tusaale ahaan, inaad isku hawsho ilmahaagu in uu wax cuno, wax cabbo, kala celisid, meel wacan inaad habeenkii seexisid, subixii intaad quraac siisid oo dhar u xidhid, dabadeedna aad iskuulka u dirtid ama sii geysid, inahaasoo dhan waa korin oo waxaad ilmaha ka korinaysaa qayb uun noloshiisa ka mid ah. Waa raacid iyo inaad sidii racaayaddii uun aad ilmaha u raacdid ee tarbiyad ma aha.

Intaaba qof aan waalid ahayn oo shaqaale ah ayaa qaban kara oo aad bishii lacag ku siin kartaa. Waayo isaguba cunno iyo cabbitaan wuu u diyaarin karaa, habeenkiina intuu cashaysiiyo una cadayo wuu seexin karaa. Subxiina inta uu quraac u diyaariyo oo boorsooyinkooda dhabarka u saaro iskuulka wuu geyn karaa. Haddii hooyada iyo aabbaha intaaba qof ay shaqaalaysiiyeen uu u qaban karo, maxay haddaba iyaga shaqadoodu tahay? Maxay tahay muhiimadda wayn ee aabbenimo iyo hooyanimo ee ka badan kaliya inaad dhashay una qabatay inta uu qof shaqaale ah u qaban karo. Doorka waalidku intaa waa ka waynyahay saw ma aha? Haa. Haddaba, korintu waxa ay tahay isla aragnaye, maxay barbaarintu kaga duwantahay korinta?

2.1. Waa Maxay Barbaarin?

Korinta iyo ricaayadu waxay xoogga saartaa qolofka, halka barbaarintu ama tarbiyaddu ay xoogga sarto qofka. Qofku waxa uu ka koobanyahay qaybo iyo dhinacyo kala duwan oo ay mid waliba u baahantahay in laga koriyo oo laga kobciyo. Waalidka aan ilmaha korin uun ee barbaariya; waalidka aan ilmaha raacin sidii racaayaddii ee tarbiyeeya, ee aan sidoo kale qolofka korin e qofka xoogga saara, waxay ilmaha ka kobciyaan 5 qaybood oo kala ah:

2.2. Jidhkiisa iyo caafimaadkiisa

Badanaa dhanka jidhka iyo caafimaadku waa qayb ay aad waalidku ugu dedaalaan oo ay xoogga saaraan. Sida aynnu kor ku soo xusnay, badi waalidku wuu yaqaannaa oo ku baraarugsanyahay ahmiyadaha buuxinta caloosha, baxnaaninta caafimaadka, maryo ku qurxinta jidhka iyo dhisidda hoy waasic ah oo marna uu dhex seexdo marna ku dhex cayaaro. Si wacan buu waalidku intaaba u yaqaan uguna baraarugsanyahay. Hase ahaatee, aqoon la'aanta iyo baraarug la'aantu waxay ka jirtaa 4-ta qaybood ee kale ee soo socda.

2.3. Kobcinta Ruuxdiisa iyo Iimaaniyaadkiisa

Mid ka mid ah shaqooyinka waawayn ee ay barbaarintu qabato waa in ilmaha iyo Rabbigiisa la is-baro, la jeclaysiiyo oo lagu xidho. Sidee loo dhisi karaa cilaaqada ilmaha iyo Rabbigiisa ka dhexeysa? Waxaan tilmaamaynaa dhowr qodob oo lagu dhisi karo cilaaqada ilmaha iyo Rabbigiisa ka dhexeysa.

Qodobka koowaad: waxaa muhiim ah in aan ilmaha barno oo ku xidhiidhinno Magacyada iyo Tilmaamaha Wanwanaagsan ee Alle, SWT. Waxaa muhiim ah in waalidka iyo macallimiintu wakhti geliyaan sidii ay ilmaha yar u bari lahayeen, ugu barbaarin iyo tababbari lahaayeen magacyada iyo tilmaamaha Rabbi, SWT. Kolka Ilmaha la baro Rabbigiisa, cilaaqo ayay la yeelanayaan oo way jeclaanayaan. Waayo, ma jiro cid jeclaata wax aanay aqoon oo wixii la yaqaan uun baa la jeclaada ama laga baqaa.. Haddaba, waxa muhiim ah in ilmaha la baro oo la isugu xidho tilmaamaha quruxda badan ee Ilaahay, SWT, iyo noloshooda. Meelaha ilmaha yar Rabbigiisa laga jeclaysiin karo waxaa ka mid ah in loo tilmaamo nimcooyinka tirabeelka ah ee uu haysto iyo in uu Alle yahay kan intaa iyo in ka badanba siiyay.

Badi cilaaqada ilmaheenna yar yar iyo Rabbigood ka dhexeysa waa mid carruurta lagu baqdin geliyo oo lagu guulguulo. "Ilaahay baa ku cadaabaya haddaad sidaa samayso." "Ilaahay dadka naar buu galiyaa." Kitaabka Kariimka ahaa ee naxariista ahaa ee la yidhi xagga Alluu ka yimi oo misana intaa ilmaha lagu garaacayo! Macallinkii Quraankaa barayay oo lagu guulguulo iyo habab kale oo dhammaantood ka dhigaya cilaaqada ilmaha yar iyo Rabbigiisa ka dhexaysa ay noqoto mid cabsi uun ku salaysan. Dr. Salmaan Al-cawdah, Ilaahay xabsiga ha ka sii daayee, ayaa wuxuu yidhi, mar aan dhallinyaro dowro siinayay ayaa waxaan dhallinyaradii waydiiyay waxa ku soo dhaca qacda hore marka ay Ilaahay ka fekeraan. Wuxuu yidhi, badi dhallinyaradii meesha fadhiday waxay yidhaahdeen waxaa noo sawirma Alle laga baqo; Alle shadiidul-ciqaab ah, naar, cadaabul-qabri, iwm. Carruurtaasi xaggee bay ka keeneen baad u malaynaysaa?

Waa intii ay waalidkood iyo macallimiintoodu ku guulguulayeen, iyagoo ka dhiganaya hab iyo hub ay ilmaha ku baqdingeliyaan, si ay xumaha uga reebaan ama samaha u faraan. Hadda ma lihi ilmaha yaan loo tilmaamin cadaabta iyo ciqaabta Alle ee waxaan leeyahay waxaa khalad ah in ilmaha dhankaa uun Rabbigiisa laga baro. Ilaahay waa naxariis badane, waa dulqaad badane, waa xikmad badane, waa dambi-dhaaf badane, waa ogaal badane, waa kor ka ilaalin badane, waa barbaariye, waa libayn badane, waa ku filnaan badane, waa maamus badane, waa kalgacal badane. Waa magacaydaa tirada badan ee isku dheellida-tiran ee u baahan in ilmaha la baro, weliba kuwooda ilmuhu uu fahmi karo.

Qodobka labaad: in ilmaha looga sheekeeyo qisooyinka uu fahmi karo ee Quraanka iyo Sunnada lagu tilmaamay. Aadanuhu waa noole isku dayda. Wuxuu aalaaba u baahanyahay cid hormuud u ah oo uu ku daydo. Waana mid ka mid ah sababaha uu Alle Quraanka in badan oo ka mid ah uu uga sheekeeyay qiysooyin. Bar oo adigu laftaadu baro qisooyinka dadkii wanwanaagsanaa oo uga sheekee xilliyada aad wakhti la qaadanayso ee aad u sheekaynayso ama aad seexinayso.

2.4. Kobcinta Laxowyada iyo Cilaaqaadkiisa

Shaqooyinka kale ee hooyada iyo aabbaha u yaalla waxaa ka mid ah in ay ubadkooda baraan sidii ay u wanaajin lahaayeen cilaaqaadkooda. Waxa jira 4 nooc oo cilaaqaad ah oo uu qofku leeyahay inta uu noolyahay. Afartaa cilaaqo, sida uu hadba ku yahayna ay saamayn ku yeelanayso noloshiisa.

Cilaaqada uu Rabbigii la leeyahay: Cilaaqada ugu muhiimsan iyo xadhigga ugu mudan ee ay tahay in qofku ku xidhnaado waa tan isaga iyo Rabbigiisa ka dhexeysa. Qodobkan horaan u soo tilmaannay iyo qaybo ka mid ah sida loo hagaajinayo. Hase ahaatee, waxaan mar kale adkaynayaa in waalidku ku baraarugsanaado in wax wal oo uu maanta isku daalinayo oo waxbarasho iyo hanti mood iyo noolba leh oo uu doonayo in ay ubadkiisu ka dhaxlaan in ay ugu mudantahay dhisidda xidhiidhkaa ilmaha iyo Rabbigiisa ka dhexeeya.

Ha ka welwelin inaad ubadkaaga hanti uga tagto e ka walwal sidii aad isaga wax kaga dhex tagi lahayd, waxaa aad kaga dhex tagaysana ay ugu waynaato rumaynta iyo yaqiinta uu Rabbigii ku qabo. Waayo, wax wal oo aad uga tagto, haddaanu isagu waxba ahayn Rabbigiisana cilaaqo la lahayn wax ay soo kordhinaysaa ma jirto. Laakiin haddii aad soo saarto ilmo isku kalsoon oo yaqiinta uu Rabbigii yaqiinsanyahay kuna kalsoonyahay ay wayntahay wax hor istaagaya nolosha ma jiro, waayo waxa uu haystaa oo uu ku kalsoonyahay Allaha gacanta ku haya qasnadaha kownka.

Bar ilmahaaga magacyada wanwanaagsan ee uu Rabbi leeyahay, SWT, sidaan kor ku soo tilmaannay. Xafidsii inta ay yaryaryihiin. Bar macnahooda. Kolka aad ilmahaaga la socoto ama aad meel ku la cayaarayso, isugu xidh Aayadaha Rabbi, SWT, iyo abuurtiisa. Tusaale ahaan, haddii idinkoo meel beer ah wada jooga aad aragto qudhaanjo yar oo meel maraysa u yeedh ilmahaaga oo waydii magacyada Ilaahay mid ka ku soo dhacaya kolka uu arko qudhaanjada yar ee meesha cidlada ah maraysa. Waxaa laga yaabaa inuu ku yidhaahdo "Al-Khaaliq" baa igu soo dhacaya oo Ilaahay baa abuuray qudhaanjadan yar. Ugu dar oo xasuusi sidoo kale in ay ina xasuusinayso magaca Alle ee "Al-Razaaq". Ku dheh: Eeg aabbe qudhaanjadan yar kaligeed bay socotaa oo aabbaheed iyo hooyadeed la ma socdaan, halkaa ayuu Ilaahay ku ogyahay oo uu wax ku siinayaa.

Sidoo kale, bar in ay wax wal Ilaahay xaggiisa ka yimaaddaan; waxa uu arkayo, waxa uu maqlayo, dadka uu la kulmayo. Bar in ay wax wal Rabbi ka bilowdaan, Rabbiina ku dhammaadaan.

Bar marka uu wax bilaabayo in uu yidhaahdo "Bismillaah", marka uu wax qurux badan arko in uu yidhaahdo "Maashaa Allaah", marka uu helo wax uu doonayay ama uu ka badbaado wax ku dhici lahaa uu yidhaado "Alxamdulillaah". Bar oo cilaaqo wanaagsan ka dheexeysii carruurtaada iyo Rabbigooda. Waayo, haddaad Allahooda barto, waxaad bartay Alle si wal adiga kaaga wanaagsan ilmahaaga oo ilaashanaya, yaqiinta ugu wayn ee aad siin karaysana waa taa.

Cilaaqada uu Naftiisa la leeyahay: Waxa sidoo kale muhiim ah in waalidku ilmaha naftiisa baro. Barista ilmaha la baro naftooda waxay muhiim u tahay horumarka naftooda iyo ogaalka ay naftooda u leeyihiinba. Bar in ay naftooda ogaal u yeeshaan oo ay u fiirsadaan fekradaha ku soo dhacaya, laxawyada ay dareemayaan, iyo ficilladooda. Kolkii la ogaaday muhiimadda ay leedahay in ilmuhu laxawyadiisa iyo dareemadiisa aqoon u yeesho waxaa xannaanada lagu bilaabay in arroortii kolka uu ilmuhu iskuula yimaaddo in la tuso Laxaw-cabbire (mood miter) ay ku sawiranyihiin midabbo kala duwan.

Tusaale ahaan, hadduu cadhaysanyahay ama walwalsanyahay ama baqayo, wuxuu calaamadda mitirka ku aaddinayaa midabka cas. Haddii uu faraxsanyahay wuxu calaamadda saarayaa midabka jaallaha ama hurdiga ah. Haddii uu dareemayo murugo iyo niyad-jab, midka buluugga ah buu dooranayaa. Sidoo kale, haddii uu dareemayo degganaan xasillooni iyo qanaaco, midabka cagaarka ah ayuu dooranayaa. Waa hab uu ilmuhu ku baran karo akhrinta laxawyadiisa iyo dhareemadiisa, si uu hadhow isaga maarayn karo cawaadiftiisa.

Hibooyinkiisa iyo Jamashooyinkiisa: Ku dhiirrageli in uu barto waxa uu ku fiicanyahay. Ku caawi in uu ogaal u yeesho hibooyinkiisa, waxa uu xiiseeyo, waxyaabaha uu janto. Haddii uu yaraan ku ogaado waxa uu ku fiicanyahay iyo waxa uu janto (passion), waxaad ku caawin kartaa inuu xoogga saaro qabashadeeda, si uu hadhow kolka uu waynaado ay wax badan noloshiisa uga caawiso. Sidoo kale, kolka uu yaraan ilmuhu ku ogaado waxa uu ku fiicanyahay iyo hibooyinkiisa, waalidkuna uu ka caawiyo siduu u sii horumarin lahaa, waxay siisaa kalsooni nafeed oo uu ku wajihi karo aynigiisa iyo guud ahaanba nolosha.

Waxyaabaha ugu badan ee ilmaha lagu bari karo naftiisa waxa ka mid ah cayaaraha kala duwan iyo waxyaabaha gacmaha laga qabto. Cayaaraha uu ilmuhu cayaaro, wuxu ku bartaa xirfado badan oo noloshiisa u mihiima, naftiisana wax wayn ka baraya oo aanay waalid iyo macallin toonana bari karin.

Hiyaawad ama Hoobbi: Ku dhiirrageli in uu yeesho hiwaayado iyo hoobbiyo ay ka mid yihiin wax akhriska, u kaxee safar oo gee goobo ku cusub oo uu maalmo joogo. Waayo, safarka uu qofku tago goob ka duwan goobihii uu la qabsaday iyo wax akhriskaba, waxay si wayn uga qayb qaataan naf-barashada qofka.

Bar Naf-xakaymaynta: Ku dhiirrageli in ubadkaagu bartaan sidii ay naftooda u xakamayn lahaayeen. Naf-xakamayntaasi ha noqoto mid ay nafta ka celinayaan shahwaadkooda, ama ha noqoto mid ay ku xakamaynayaan cadhadooda ba. Ilmuhu way kala duwan yihiin, iyagoo ay dhammaantood u baahan yihiin in la baro sida nafta loo xakameeyo, haddana waxaa baahi gaara u sii qaba ilmaha dabci ahaan cadhooda ama aadyar booda. Meesha ugu muhiimsan ee ilmuhu ka barto naf-xakamayntu waa hooyada iyo aabbaha. Adigu tuusaale ugu noqo inaad naftaada xakamayso.

Waa u muhiim in carruurtu yaraan naftooda ku bartaan, oo ay ogaal u yeeshaan fikradahooda, laxawyadooda, hab-dhaqamaodooda, jamashooyinkooda, hibooyinkooda, sidoo kalana la baro in ay bartaan sidii ay naftooda u xakamayn lahaayeen, dareenkoodana u cabbiri lahaayeen iyadoon cunfi lahayn. Xasuusnow in ilmuhu kala duwan yihiin, baahiyahooduna kala duwan yihiin, oo mid waliba jaad-gooni yahay. Taa macnaheedu waxa weeye, mid waliba wuxu kaaga baahnaanayaa inaad wakhti siisid si aad ugu caawisid in uu naftiisa barto.

Cilaaqada uu Dadka la Leeyahay: Cilaaqada uu qofku dadka la leeyahay, waxay saameysaa qofka noloshiisoo dhan. Waa halka ugu badan ee ay ka timaaddo qofka xanuunkiisa iyo sidoo kalaba farxaddiisa. Daraasaadku waxay tilmaamayaan, in 90% qofku waxa uu maalinkii ka fekero ay la xidhiidho dad. Hadba nooca ay tahay cilaaqada uu la leeyahay dadkaa boqolkiiba sagaashan fikirkiisa soo gelaya, ayay ku xidhan tahay farxaddiisa iyo xanuunkiisaba.

Aadanuhu waa kala debci, waana kala dano. Waxaa dhulka ka buuxa kuwo dhib badan oo xad-gudba. Waxa ka buuxa kuwo danaysteyaal ah oo dadka ka faa'iidaysta. Waxa ka buuxa kuwo qallafsan oo jeerin ah. Waxa ku jira kuwo xaasidiin ah iyo kuwo xasaasiyad badan. Waxaa ku jira kuwo dhaqan xun oo wax wal oo xun tijaabinaya. Waxaa sidoo kale ku jira kuwo wanaagsan oo ay tahay in la eegto, lalana saaxiibo. Intaa iyo in ka badan ba dadku waa leeyahay. Ilmuhu haddaba, meesha ugu horraysa ee uu ka baranayo sida dadka loo la macaamilo waa inta uu daawanayo hooyadii, aabbihii iyo hadba inta ku hareeraysan.

Waxa haddaba muhiim ah, in waalidku fahmo, in uu ilmaha ka dhiso xirfadaha iyo mafaahiimta cilaaqaadka la xidhiidha. Bar sida loo cudurtaarto kolka uu cid ku khaladamo. Bar sida loo hadloodo haddii uu wax dhibsado. Bar sida uu eeddiisa u sheegan karo haddu yara roon yahay gartiisana u akhrisan karo. Bar sida dadka loo dhagaysto ee hadalka loo la qaybsado. Bar sida loo dareemo shucuurta dadka, kabahooda loo la xidho. Ilmuhu wuxu u baahan yahay in loo diyaariyo dunida cilaaqaadka oo ah halka ay badi badhaadhaheenna iyo xanuunnadeennuba innooga yimaaddaan. Bar cidda ay tahay in uu la saaxiibo. Yay tahay in uu iska uruuriyo. Sidee buu u samaysan karaa xidhiidh wanaagsan. Sidee buu u soo af-jaraa xidhiidhka xun ee sunta ah si aanay dhibaato u soo gaadhin hadhow. Abwaan

Dacar oo mid ka mid ah carruurtiisa cilaaqada iyo xidhiidhka saaxiibbada kala dardaarmayay baa wuxu inankiisa ku leeyahay:

> Dhalinyarada ku la ayniga ah laga ma dheeraado
> Haddana kii dhabbada seegan ee dhoohan la ma raaco
> Ninkaan dhogortu kuu qaban karayn laysma dhinac taago
> Haddana kaan waxbaba kuu dhimayn dhiiftii la ma doono
> Haddana kaan sharciga dhawrin ee dhaafa la ma yeelo.
>
> **Abwaan Dacar**

Cilaaqada uu Kownka la Leeyahay: Cilaaqada 4-aad ee iyaduna mudan in ubadka la baro waa tan ay la leeyihiin kownka iyo dunida ku hareeraysan. Ma nihin noole kaligii nool e waxa kownka ina ku la nool duni dhan oo innaga la inoo sakhiray mas'uuliyaddeeduna ina saarantahay sidaan u hagaajin lahayn oo aan u ilaalin lahayn, waayo waxay ka mid tahay ammaanada iyo mas'uuliyadda aan qaadnay, haddaan aadane nahay. Waxa muhiim ah in ilmaha lagu barbaariyo mas'uuliyadda iyo ammaanadaa, si uu uga qaato inta uu u baahanyahay ee aanu ugu takrifalin.

Bar carruurtaada bii'ada ku hareeraysan iyo waxa ay ka koobantahay, sida: hawo, biyo, dhul, dhir iyo xayawaan. Bar oo fahamsii in Alle, SWT, uu aadanaha u abuuray waxaa oo makhluuqaad ah, sidoo kalana ay aadanuhuna yihiin qayb ka mid ah kownka oo haddii ay daryeeli waayaan wax badan ay naftooda ka maqnaanayaan.

U oggolow in ay dibadda ku cayaaraan; gee meelaaha doogga, dhirta iyo ubaxa leh. Hadday suuragal tahay, u kexee meelaha biyaha iyo buuraha leh, ugana sheekee in nimcooyinkan oo dhan uu Rabbi u abuuray ayna tahay in ay uga mahadnaqaan. Bar, sidoo kale, in aanay ku israafin biyaha oo ay jiraan dad badan oo aan haysan biyo. Bar in aanay dhulka ku tuurin qashinka oo ay caafimaadkeenna iyo caafimaadka noolaha ina ku hareeraysanba ay saamaynayso. Bar in uu ilaaliyo dhirta oo aanu si macne darro ah u goyn oo ay noloshiisa iyo nolosha noolaha oo dhan ay ku tiirsantahay.

Carruurta maanta waa dadka waawayn ee berri. Waa dadka laga filayo in ay faca dambe u ilaaliyaan khayraadka Eebbe innagu galladay ee ay ka mid yihiin dhirta, biyaha, xayawaanka iyo khayraadka kale ee tirabeelka ah ee maanta aadanuhu u baqayo in wax badan dabar go'aan. 60 sano ka hor wixii xayawaan duurjoog ahaa ee haad, ugaadh, xamaarato iyo xasharaad lahaa maanta waa gabaabsi. Dhowrkii kun ee geed ee faa'iidooyinka badan inoo ku sugnaayeen innaga iyo noolaha kalaba waa sii gabaabsi oo qofaf aniga iyo adiga oo kale ah baa gooyay. Haddii aan ubadka guriga iyo iskuulka lagu barin cilaaqada iyaga iyo dunida ku hareeraysan ka dhexeysa, waxa dhacaysa in uu isagu is-naafeeyo.

Hadraawi, Ilaahay ha u naxariistee, maansadiisa "Af-kusiran" wuxuu wax badan kaga sheekaynayaa cilaaqadan aynnu ka hadlaynno ee ka dhexeysa qofka iyo dhulka uu ku noolyahay. Wuxuu tilmaamayaa in waxa dhib iyo omos dunida ka taagan ay aadanuhu sabab u yihiin. Waxaanse jeclaystay in aan idin la wadaago in yar oo uu si la-yaab leh u cabbirayo in kaynta lagu dhex noolyahay oo uumiyaha ku nool iskaba daaye dhirta lafteeda ayuu tilmaamayaa in ay eegayso takrifalka aadanaha. Wuxu leeyahay, kayntu waa aammusantahay oo ma maqashid, laakiin afkeeda ayay kugu xamanaysaa.

> *Isa-sudhanta kayntiyo*
> *Aydu ma aha keligaa,*
> *Ooshu waa naf iyo reer*
> *Ummad baad dhex joogtaa*
> *Amarkeedu culusyahay*
> *Agahaagu waa duul*
> *Isha ba'an ka saahidey.*

La ma uubateeyee
Yaan asluubtu kaa lumin!
Dhirta oday xidaariyo
Awliyaa ka dhalatoo
Waa akhyaar la moogyahay.
Hal-abuurro magacliyo
Waa Abwaanno qaarkood
Laga qoro aftahamada,
Dadka way in-garataa
Qofka waw abtirisaa
Ka ilaali dala'siga,
Afka lagu xubeeriyo
Ixtiraamka ku la hadal.

Ahlantaa xasilisee
Ha ku uur samaatee
Ehelnimo ku xadantee.

Yaanay oodda kaa rogan
Isha yaanay kugu gubin
Yey Afkeeda kugu xaman
Bahal yaanay kugu odhan
Axmaq yaanay kugu qorin
Yey asaasaq kugu tolin!

2.5. Kobcinta Xirfadihiisa

Shaqooyinka kale ee barbaariyaha u yaalla waxa ka mid ah in uu ubadkiisa baro xirfadaha fudud ee nolosha. Badanaa waxaa la yaqaannaa xirfadaha adag ee iskuullada lagu dhigto, sida dhakhtarnimada, injineernimada (tumaalnimada) macallinnimada, ganacsiga, iwm. Xirfadahaasi iyo xirfado badan oo la yidhaahdo xirfadaha adag, waxa badanaa lagu dhigtaa iskuullada iyo jaamacadaha. Waxa jira xirfado kale oo nololeed oo aan badi iskuullada la isku barin noloshana muhiim u ah, la'aantoodna xilliga aynnu maanta joogno uu qofku wax badan u dabranaanayo.

Waalidku wuxu badanaa xoogga saaraa ilmuhu siduu u baran lahaa qoraalka iyo akhriska oo ah runtii labo xirfadood oo nolosha qofka u muhiim ah, waxaa se muhiim ah in sidoo kale uu waalidku ilmihiisa baro oo ku hago sidii ay xirfadaha fudud u baran lahaayeen. Xirfadaha muhiimka ah ee ay tahay casrigan aynnu joogno in ilmuhu barto waxa ka mid ah:

Xirfadaha Wadahadalka: Waalidku waa in uu baro ilmihiisa sidii uu dareenkiisa si toolmoon ugu cabbiri karo hab odhaaheed iyo hab luqad jidheedba. Taa macnaheedu waxa weeye in la baro siduu u odhan kari lahaa kalmaddiisa, u sheegan karo dantiisa, u dhagaysan karo cidda la hadlaysa, oo uu yeelan karo wadahadal toolmoon oo macne leh.

Xirfadaha Bulsho la-dhaqanka: Xirfadaha kale ee ay tahay in waalidku ilmaha baro waxa weeye sidii uu u la falgeli lahaa dadka. Sidii uu wax u la wadaagi lahaa, wax uga qaadan lahaa, tudhaale iyo arxan u samayn kari alahaa, haddii wax la isku qabtana u garnaqsan lahaa ama u garwaaqsan lahaa una xallin lahaa khilaafka ka dhexeeya isaga iyo cidda ay wax isku qabteen. Meelaha ugu wanaagsan ee uu ilmuhu ku baran karana waa guriga. Waayo, guriga waxa jooga walaalo wax isugu qabanaya sida ay aadanuhuba wax isugu qabtaan nolosha caadiga ah. Gurigu waa goob waalidku ilmahiisa wax ku bari karayo isagoo ka faa'iidaysanaya cilaaqada ka dhexeysa walaalaha guriga wada jooga iyo weliba saaxiibbada ay isku xaafadda degganyihiin.

Xirfadaha Mushkilad Xallinta: Xirfadaha kale ee nolosha u muhiimka ah waxa ka mid ah mushkilad xallinta. Noloshu waa wada mushkilado u baahan in la furdaamiyo. Ilmaha yar wuxuu u baahanyahay inta aanu nolosha u soo banbixin in uu helo agab iyo aalado uu mashaakishiisa ku furdaamin karo.

Waxa muhiim ah in uu waalidku ku dhiirrigeliyo ilmihiisa in uu isagu mushkilaadkiisa xalliyo oo aanu isagu wax wal u qaban. Waxaa sidoo kale muhiim ah in la baro sidii uu caqabadaha ka hor yimaadda u dhiraandhirin lahaa, xaaladda u qiimayn lahaa, xalalna u soo saari lahaa. Waalidka macallimiinta ah ee xikmadda badan waxay ilmahooda baraan sidii ay go'aammada u gaadhi lahaayeen waxna uga baran lahaayeen go'aamada khaldan ee ay qaateen.

Isku-filnaansho iyo Mas'uul ka Noqoshada Naftiisa: Xirfadaha kale ee nolosha daruuriga u ah waxa weeye in waalidku ilmahiisa baro sidii uu isagu isugu filnaan lahaa, naftiisana uu mas'uul uga noqon lahaa. Badanaa sidaa ay waalidku mas'uulka uga yihiin ilmahaa, iyada oo aan la barin sidii uu isagu isugu filnaan lahaa uun baa la gaadhaa xilligii uu nolosha u banbaxayay. Taasina waxay caqabad ku keentaa in uu si wacan u qaado mas'uuliyadda naftiisa. Si uu ilmahaagu isku-filnaanshaha u gaadho, mas'uuliyadda naftiisana u qaado, u dir in uu qolkiisa subixii hagaajiyo, qalabka uu ku cayaarayo guro, weelka uu wax ku cuno qaado, hadduu yara roonyahayna uu weelka soo xalo. U dhiib mas'uuliyado yar yar oo uu ka soo bixi karo, una oggolow in uu go'aammada guriga wax ka gaadho. Waxay ka caawinaysa in uu naf ahaan isku kalsoonaado, aamminana in uu iskii wax u qabsan karo.

Barashada Sida Wax loo Barto: Xirfadaha kale ee runtii muhiimka ah in carruurta la baro waxaa ka mid ah sida wax loo barto. Inta badan iskuullada iyo jaamacaduhu ilmaha waxay baraan wixii la baranyay *(what to learn)* ee ma baraan sidii wax loo baranayay *(how to learn)*. Maalintuu iskuulka ka qalinfulo, waxay u badantahay in aanu aqoon sidii uu iskii wax isu sii bari lahaa. Badanaa hannaanka waxbarashada iskuulladu waxa uu ilmaha siiyaa dhiirrigelin dibadeed oo uu wax ku barto oo ay ka mid tahay in imtixaan laga qaadi doono, haddii uu wax diyaarin waayana uu imtixaanka ku dhacayo. Xammaasadda uu macallinka ka helayo, midda uu tartanka saaxiibbadii ka helayo iyo tan uu waalidkiisa oo la xisaabtamaya ka helayo ayaa badanaa ku qasba in uu ilmuhu wax barto, hase ahaatee kolka uu waxbarashadii iskuulka ka faaruqo waxa ku adkaata in uu isagu wax isa sii baro. Maanta waxaynnu ku noolnahay xilli qofku wixii uu soo bartay laba sano ka hor ay gaboobaan oo looga baahanyahay in uu dib waxa cusub ee soo dersay uu u barto. Qofku mar wal iskuul dib ugu ma noqon karo e wuxuu u baahanyahay in uu wax is-baro. Sidaa daraadeed, maanta xirfadaha daruuriga ah waxaa ka mid ah barashada qofku sidii uu isagu wax isu bari lahaa.

Maaraynta Wakhtiga: Ka caawi carruurtaada sidii ay u baran lahaayeen hababka wakhtiga loo maareeyo. Bar hortebinta iyo kala mudnaansiinta hawlaha. Bar sidii ay u yeelan lahaayeen caadooyin wanwanaagsan oo nololmaalmeedkooda soo noqnoqda, sida xilli go'an in ay casharrada ka shaqeeyaan, xilli go'an in ay wax bilaabaan, xilli go'anna wax dhammeeyaan. Ka caawi sidii ay u samaysan lahaayeen jadwal maalinle ah ama toddobaadle ah oo ay raacaan. Haddii uu barto xirfaddaa maaraynta wakhtiga, wax wayn bay noloshiisa ka caawinaysaa, heer uu boqolkii 70 dadka ka wakhti maarayn wanaagsanaado.

Habfeker naqdineed *(critical thinking)*: Xirfadaha kale ee muhiimka ah ee ay tahay in waalidku ilmihiisa baro waxa weeye sidii uu u noqon lahaa qof naftiisa u fekera oo aan ahayn qof cid kasta iska raaca. Ku caawi sidii ay u abuuri lahaayeen waydiimmo cuddoon iyo sidii uu isaga, adiga ama macallimiintiisana u waydiin kari lahaa. Bar sidii uu fekeri lahaa si xor ah, macluumaadka uu u dhirraandhirin lahaa go'aan habboonna uga gaadhi lahaa. Sidoo kale, sidii uu xaaladaha u qiimayn lahaa dhinacyo kala duwanna uga istaagi lahaa. Barashada uu barto xirfaddani waxay ka caawinaysaa in aanu noqon dameeri dhaan-raacday oo aanu isaga raacin dadka, wax wal oo loo sheegana isaga rumaysan.

Adkaysiga iyo Dhabar-adaygga *(resilience and perseverance):* Xirfadaha kale ee mudan in waalidku ilmihiisa baro waxaa ka mid ah adkaysiga iyo dhabar-adaygga. Wax wal oo wanaagsan oo qofku doonayo nolosha waxay yeelanaysaa caqabado ay tahay in uu qofku u dhabar-adaygo. Bar sidii uu u yeelan lahaa kaadsiimo iyo dhabar-adayg, si uu u wajaho caqabadaha kala duwan ee nolosha. Bar in uu yeesho maan-hag korriimo (growth mindset). Qofku marka uu leeyahay maan-hag korriimo, caqabadda u ma arko in aan laga gudbi karin e wuxuu leeyahay hab-feker caqabadaha u arka in caqabadda lafteedu ay waddadii tahay. Wuxuu yeelanayaa in hab-feker aan quusan oo raacdeeya waxa uu doonayo, ilaa uu ka gaadho. Bar sidii uu yeelan lahaa hab-feker togan (posative thinking) oo uu ku wajaho caqabadaha noloshu ku soo tuurayso kuna dhiirrageli, si uu u ogaado in uu leeyahay awooddii uu kaga gudbi kari lahaa turunturrooyinka iyo turxaanta nolosha, sidoo kalana leeyahay Eebbe garab taagan oo guulayn badane ah.

2.6. Kobcinta Maankiisa iyo Habfekerkiisa

Qaybaha kale ee ay tahay in uu waalidku ilmihiisa ka kobciyo waxa ka mid ah garaadkiisa iyo hab-fekerkiisa. Badanaa kobcinta maanka iyo hab-fekerka ubadkeenna waxa aynnu ku hallaynaa uun iskuulka ay aadayaan. Iskuulkaasaan filannaa uun siduu xisaabta, sayniska iyo juqaraafiga u barayo in uu maankooda iyo garaadkoodana u kobcinayo. Iskuulku badi shaqada maandhiska ma qabto. Walow ay tahay in macallinka laftiisu barbaariyo noqdo, haddana maaddaama badi macallimiinteennu aanay tababbar wanaagsan helin oo ay macallinnimadu shaqo yar oo ay shilimaad ka helaan uun u arkaan, waxay ilmaha baraan xoogaa ogaal ama macrifo aasaasi ah, sida qoraalka, akhriska, xisaabta, sayniska, juqaraafiga iyo dhowr kale oo la mid ah. Intaaba ma aha waxa qofka hab-fekerkiisa dhisa, qanaacaadkiisa saxa, mudnaansiinyihiisa hagaajiya, ku dayashooyinna u abuura. Waalidka barbaariyaha ah isaga ayay tahay shaqadiisa. Aynnu qodob qodob u yara dul istaagno dhowrkaa arrimood.

Qanaacaadka: Waalidku shaqooyinka maandhiska ah ee uu qabto waxaa ka mid ah in uu saxo ilmahiisa yar qaab-fahankiisa nololeed. Insaanka waxa noloshiisa laga hagaa maankiisa. Hadba nooca uu hab-fekerkiisu yahay ayuu ku la falgalaa nolosha. Hab-fekerkiisu wuxuu hagaa laxawyadiisa (emotions), laxawyadiisana waxaa ka dhasha ficilladiisa, ficilladaa oo uu joogteeyana waxay dhalaan caadooyinkiisa, caadooyinkiisaas oo joogtaysmana waxay sameeyaan qofka uu yahay. Barbaariyaha wanaagsan ee intaa fahamsan wuxuu isku hawlaa in uu kobciyo hab-fekerka ubadkiisa. Waxay ku shubaan caqiidooyin saxan. Waxay toosiyaan khalad-fahannada uu nolosha ka haysto. Waxay wax ka baraan qaaciidooyinka iyo sunnooyinka ay noloshu ku shaqayso. Iyagoo kaashanaya waayo-aragnimadooda nololeed, waxay isku dayaan in ay hogatusaaleeyaan oo ay nolosha uga hawaala-warramaan, iyagoo la eeganaya wakhti habboon oo aan ahayn xilliyada ay wax khaldaan ee aan muxaadarooyinka dheer u galno.

Ahmiyadsiintiisa: Barbaariyahu wuxuu sidoo kale saxaa waxa uu ilmihiisu ihtimaamka siinayo. Carruurtu waxa ay ahmiyadda siiyaan badanaa waxay ka dhaxlaan bii'ada ku hareeraysan oo uu gurigu ka kow yahay, kolkaa ka dib bay ka sii qaataan saaxiibbadooda iyo TV-yada ay daawanayaan. Haddii se aabbaha iyo hooyadu yihiin dad iyagu waxa ay ahmiyadda siinayaan ay tahay wax wayn, ubadkuna wuxuu yeeshaa naf u janjeedha muhiimadsiinta waxyaabaha qiimahoodu sarreeyo. Hooyadu hadday tahay hooyo ay culays ku hayso dhibaatooyinka lagu hayo Muslimiinta Falastiin iyo Burma, ilmuhu wuxuu yeeshaa naf xambaarta hammi ummadeed. Haddii uu aabbuhu yahay aabbe xambaarsan hammi dacwo iyo islaaxinta iyo u gargaaridda mujitamaca, ilmuhuna sidoo kale waxay u badantahay in uu hankaa iyo hammigaa ku barbaaro. Haddii se uu abbuhu yahay qof iska daawada cayaaraha, siyaasadda tolkana intaa faaqida, ilmuhu ka dhaxli maayo wax hammi iyo han sare ah.

Hormuud uu ku Daydo: Insaanku waa noole isa saameeya. Wuxuu badi hanka, hab-fekerka iyo hab-dhaqanka ka dhaxlaa cidda hormuudka u ah ee uu ku daydo. Sidaa daraaddeed baad arkaysaa in badi Qur'aanka kariimku u yahay wada qisooyin; kuwo raad xun oo la inoo ka digayo iyo kuwo raad san oo la ina leeyahay ku dayda. Ilaahay Qur'aanka waxa ugu badan ee uu ina leeyahay ku dayda waa rusul iyo ambiyo han sare lahaa oo Ilaahay awaamirtiisa raacay.

Waalidka murabbiga ah wuxuu sidoo kale ku baraarugsanyahay, iinsaanku in uu yahay mid had iyo jeer u baahan cid uu ku daydo. Kolka laga soo tago in uu isagu is-hagaajiyo, maaddaama uu yahay tusaalaha ku dayasho ee ilmaha noloshiisa ugu horreeya, haddana wuxuu uga sheekeeyaa sheekooyinka dadka ku dayashada mudan, sida: rususha, ambiyada, salafkii iyo haldoorka Muslimiinta ee nolosha aadanaha wax ku soo kordhiyay. Uga sheekee ubadkaaga qisooyinka dadka hormuudka ah, adigoo u eegaya hadba da'dooda iyo waxa qaadkoodu yahay. Uga sheekee dadka wanwanaagsan ee aad adigu jeceshay ee nolosha hormuudka iyo tusaalaha u ah.

Qiyamkiisa: Sidoo kale, barbaariyuhu wuxuu isku hawlaa in uu ilmaha ku abuuro qiyam wanwanaagsan. Qiyamtu waa qaayo-soorrada iyo waxyaabaha uu qofku qiimeeyo. Tusaale: run-sheegga, caddaaladda, waxbarashada, xalaal-miiradnimada, geesinnimada, ammaanada, samafalka, mahadnaqa, nadaafadda, naxariista, cafiska, xishoodka, dulqaadka, taqwada iyo boqollaalka kale ayuu ilmaha ku anqariyaa oo ku barbaariyaa. Ilmuhu waa waxa hadba lagu shubto. Sida beertuba nooca midhaha ee lagu rido ay hadhow uga soo baxaan ayaa ilmuhuna qiyamka inta ay yaryaryihiin lagu beero hadhow habnololeedkooda looga dheehdaa. Qiyamtu ma aha wax maalin, bil iyo sanad kali ah lagu beero, waxay u baahantahay in waalidku xusho qiyamta aad jeclaan lahayd in ilmahaagu yeesho, dabadeedna aad muddo dheer aayar aayar ugu beerto maankiisa iyo qalbigiisa.

TALOOYINKA CUTUBKA

- Farqi wayn baa u dhexeeya korin iyo barbaarin. Korinta iyo ricaayadu waxay xoogga saartaa qolofka, halka tarbiyada iyo barbaarintu ay xoogga sarto qofka.
- Korintu, walow ay iyaduba muhiim tahay, haddana waxay uun ku kooban tahay ilmaha daryeelkiisa jidheed, barbaarintu se waxay xoogga saarta ilmaha qofnimadiisa - ruuxdiisa, garaadkiisa, laxawyadiisa, xirfadihiisa iyo xidhiidhkiisa bulshada.
- Bar ilmahaaga Rabbigiisa. Aadanuhu ma jecldaan kama baqaan wax aanay garanayn. Cilaaqo ka dhexeysii ilmahaaga iyo Rabbigiisa.
- Dhis maankiisa iyo fahankiisa nolosha ku aaddan. Adigoo casharrada waayuhu ku soo bareen kaashanaya, sax hab-fekerkiisa, sawirrashadiisa nololeed, qiyamtiisa akhlaaqeed iyo xirfadaha la xidhiidha sidii uu naftiisa u maarayn lahaa.
- Shan meelood, afar ka mid ah barbaarinta wanaagsani waxay la xidhiidhaa dhisidda cilaaqada uu Rabbigii la leeyahay, cilaaqada uu naftiisa la leeyahay, cilaaqada uu dadka la leeyahay iyo cilaaqada uu dunida ku hareeraysan la leeyahay.

CUTUBKA 3
WAALID AAN HAB-BARBAARINTA KU WADA SOCON

3.0. WAALID AAN HAB-BARBAARINTA KU WADA SOCON

> Tabantaabaday laba gacmood tamar ku yeeshaane
> Tiska waxa la qaadaa markay tiirisaa bidixe
> Hadday midigtu kali taagantahay tahar ma goyseene.
>
> **Cabdillaahi Muuse**

Barbaarintu waa safar adag, kakan, oo caqabado badan leh. Mid ka mid ah furayaasha shaqadaa loogu guulaysan karaa waa iyadoo waalidku ay barbaarinta ubadkooda dooni qudha u wada fuulaan. Marka waalidku hab-barbaarintooda ay is-waafajiyaan, ujeeddo midaysanna ka yeeshaan, waxay ubadka u abuurtaa bay'ad korriimo ee ay ku bullaalaan. Wada-shaqayntooda iyo midaynta ujeeddadoodaasi waxay sees iyo barroosin u noqonaysaa in gurigu ahaado hoy ay ka taabbagasho cilaaqo toolmoon, hab-edbin joogtaysan iyo ubadkoo hela bay'ad taageerta caafimaad laxaweedkooda *(emotional well-being)*.

Hadduu Eebbe yidhaahdo, waxaan cutubkan kaga sheekaysan doonnaa waydiimo ay ka mid yihiin: Maxaa dhaca haddii aanay waalidku hab-barbaarinta ku wada socon? Maxaa keena in waalidku ku kala aragti duwanaado hab-barbaarinta? Maxay yihiin waxyaabaha ay tahay in waalidku isla meel dhigaan? Waxaan sidoo kale kaga warrami doonnaa, haddii labada waalid ay kala tagaan, sida ay ubadkooda u wada korsan karaan, ujeeddo midaysanna uga yeelan karaan iyaga oo aan guri wada joogin.

3.1. Maxaa dhaca haddii aanay waalidku hab-barbaarinta ku wada socon?

Filashooyin iyo qawaaniin aan joogtaysnayn: Kolka aanay waalidku barbaarinta ku wada socon waxay u badantahay in ay ku kala duwanaadaan xeerarka ay carruurta u soo jeedinayaan iyo filashooyinka ay ka leeyihiin. Marka carruurtu labadooda waalid kala kulmaan xeerar iyo filashooyin kala duwan, waxay ubadka ku keentaa jahwareer, walaac, is-fahan-darro iyo in carruurta u muuqan waydo xudduud cad oo ay iska jirayaan. Way ku wareerayaan oo ku dhibtoonayaan in ay fahmaan waxa waalidkood ka filanayo ee laga doonayo, taasoo hadhowna ubadka ku keenta khalal hab-dhaqameed iyo nooc degganaan la'aan ah. Tusaale ahaan, haddii hooyadu ay guriga u dejiso xeer, ganaaxa ka dhalanayana ay u sheegto ilmaha laakiin aanu aabbuhu xeerkaa ilaalintiisa aanu ku la socon xeerkaasi shaqayn maayo, ilmuhana khalkhal baa ku dhacaya cidda uu addeecayo, maaddaama ay carruurtu labadoodaba ay u arkaan maamuleyaasha guriga. Sidoo kale, waxaa halkaa ka dhalanaya filashooyin kala duwan oo midi waa filashadii hooyo oo xeerkii ay guriga u dejisay ka dhashay iyo filasho taa ka hoosaysa oo uu aabbuhu ilmaha u muujiyay in ay caadi iska tahay. Halkaa yaa ku jahwareeray? Dabcan ilmaha. Waalidka laftoodana waxay ka dhex beeraysaa khilaaf iyo is-qabqabsi.

Saamayn Korriimo: Joogtaynta hab-barbaarin ee waalidku iyo xasilloonida gurigu waa u muhiim koboca caafimaad ee carruurta. Marka aanay waalidku ku midaysnayn hab-barbaarinta waxay dabartaa ilmaha yar kobaciisa garaad-laxaweed (emotional intelligence), kobiciisa garaad-bulsheed (social) iyo kobociisa garaad-maskaxeed (cognitive). Waxay sidoo kale saamaysaa awooddiisa dad la dhaqan, cilaaqada uu naftiisa la leeyahay iyo in uu isagu is ahaado oo isku kalsoonaado.

Jahwareer iyo farriimo is-khilaafsan: Marka waalidku habka barbaarinta ku kala duwanyihiin, waxay keentaa in farriimo iyo ammarro aan lagu midaysnayn mararka qaarkoodna iska soo horjeeda ay carruurta u kala gudbiyaan. Kolka hooyada iyo aabbuhu ay ku kala duwanyihiin hab-edbinta iyo filashooyinka ay carruurta ka kala filanayaan, waxaa carruurta u gudba farriimo iyo hagidyo is-diiddooyin badani ka dhexayso. Taasaa marar badan carruurta ku keenta jahwareer iyo in carruurtu ay ku adkaato in ay yeeshaan dareen xooggan oo ay ku kala gartaan waxa saxa ah iyo waxa khaladka ah ama ay gaadhaanba doorashooyin iyo go'aanno aqoomaysan.

Karkabada carruurta oo badata: Marka aanay waalidku hab- barbaarinta ku wada socon, waxa dhacda in ay wax badan isku qabtaan oo uu hadalku ka taagtaagmo carruurta hortooda, taasoo carruurta u keenta in ay ku koraan bii'o karkabaysan (stressful). Is-jiidjiidkaa hooyada iyo aabbaha ka dhexeeya ee taban waxa uu raadeeyaa oo weliba saamayn ba'an ku keenaa caafimaad laxaweedka (emotional well-being) ilmaha, taasoo hadhowna ku keenta in ay yeeshaan walwal iyo walaac (anxiety), kalsoonidooda ay isku qabaan ay hoos u dhacdo, sidoo kalana ay dhib ku noqoto in ay karkabada (stress) la qabsan karaan.

Awoodda waalidka oo hoos u dhacda: Kolka waalidku aanay hab-barbaarinta ku wada socon, waxay hoos u dhigtaa awooddooda waalidnimo. Maaddaama ay carruurtu caqli badanyihiin, waxay ka faa'iidaystaan kala duwanaanta hab-barbaarineed ee hooyadood iyo aabbahood, dabadeedna waxay isku dayaan in ay hadba midka dhankooda u janjeedha ay danahooda marsadaan, taasoo keenta in hadba midka ay dhankiisa u ciiraan mooyee kan kale awooddiisu shaqayn waydo. Isla sababtaasaa hadhowna caqabad ku noqota waalidku in ay edbin kari waayaan, dhaqan-gelin karinna waayaanna xudduudo caafimaad qaba oo carruurta lagu xakameeyo.

Cilaaqada hooyada iyo aabbaha oo ay xumayso: Khilaafka, muranka iyo is-qabqabsiga ka dhasha in aanay waalidku hab-barbaarinta ku wada socon, wuxuu xumeeyaa cilaaqada iyo xidhiidhka hooyada iyo aabbaha ka dhexeysa. Khilaafkaa joogtada ah wuxuu abuuraa in hadalladu taagtaagmaan, la is-eedeeyo, la kala aammuso, taasoo hadhowna abuurta jawi colaadeed gurigana ka dhigta bii'o aan xasilloonnayn. Dhibta ka dhalata waxay raadaysaa gebi ahaanba habusocodka qoyska, waxayna hor is-taagtaa wada-barbaarintii ubadka sida wacan loo barbaarinayay.

Si kooban, kolka aanay waalidku barbaarinta ku wada socon waxay keentaa farriimo kala socda, xeerar aan joogtaysnayn, karkabada ubadka oo korodha, awoodda waalidka oo wiiqanta iyo cilaaqada iyo xidhiidhka hooyada iyo aabbaha oo xumaada. Aad bay daruuri u tahay in waalidku wada shaqeeyo, si wacan u wada hadlo, hab-barbaarintooda la mataaneeyo, ayna ubadkooda u abuuraan bii'o korriimo iyo xasilloonni leh, bii'o is-caawin iyo wada-shaqayni ay ku dheehantahay.

3.2. Maxaa Keena in Waalidku ku kala Aragti Duwanaado Hab-barbaarinta Ubadka?

Waxyaabo badan baa keena in waalidku ku kala duwanaado sida ay ubadkooda u barbaarinayaan, waxaa se iigu la muhiimsan 6-da qodob ee soo socda.

Hab-barbaarin iyo dhacdooyin shaqsiyadeed: Waalid walba waxa uu ku soo koray bay'ad ka duwan bay'adda uu waalidka kale ku soo barbaaray. Waalid wal wuxu nolosha qoyska la imaanayaa hab-barbaarintii isaga lagu soo barbaariyay ee uu yaqaannay. Waxaa laga yaabaa in ay isku magaalo ku soo wada koreen, laakiin habka guryahooda looga soo barbaariyay iyo shaqsiyadihii kala duwanaa ee waalidkooda aya saamayn ku yeesheen si-araggooda (prospective) ku aaddan habka ay ubadkooda u barbaarinayaan.

Dabcigooda iyo noocaddooda hab-barbaarineed (parenting style): Waalidku waxay leeyihiin dabciyo kala duwan oo ay soo qaabeeyeen abuurkooda iyo ababkoodu. Sidoo kale, waalidku wuxuu ku kala duwanyahay noocadda hab-barbaarineed (style). Waxaa jira 5 nooc oo hab-barbaarineed oo ay waalidku mid u badanyahay. Waxa ay kala yihiin: Waalid wax walba oggol ah (permissive), waalid askari ah (*authoritarian*), waalid maqane-jooge ah (uninvolved), waalid ilmaha uun ku lammaan (helicopter parent), iyo nooca ugu wanaagsan oo ah waalid macallin ah oo xikmad badan (*authoritative*)

Waalid wax walba carruurta u yeela (permissive)
- Filasho hoosaysa (law expectations)
- Aan xeerar badan samayn
- Oggolaasho badan
- In uu carruurtiisa ka hor yimaaddo neceb
- Wax walba ka oggolaada.

Waalid askari ah (authoritarian)
- Sidaan anigu idhaahdo uun ha la yeelo
- Ad-adayg iyo qallafsanaan badan
- Ciqaab badan
- Aan carruurta naxariis badan tusin
- Sida uu wax u arko aan wax kale laga daba odhan karin
- Filasho wayn ilmaha ka leh, laakiin aan caawin.

Waalid maqane-jooge ah (uninvolved)
- Aan filasho carruurta ka lahayn (no expectation)
- Aan xeerar carruurta u smayn
- Aan iskuulkooda iyo dugsigooda war ka hayn
- Aan war u hayn carruurtu waxa ay ku suganyihiin.

Waalid ilmaha uun ku lammaan (helicopter parent)
- Wuu ilaalin badanyahay
- Aan ku kulsoonaan ubadkiisa xataa haddii ay gabanno (Muraahaq) noqdeen
- Wax wal u oggolaada
- U ma oggola in ilmuhu kalidii wax qabsado
- Sida ukunta u ilaaliya.

Waalid macallin ah oo xikmad badan (authoritative)
- Filasho sare ayuu carruurtiisa ka leeyahay, wuuna caawiyaa
- Xeerar cad cad buu ilmaha u dhigaa oo da' ku salaysan
- Wuu ka war qabaa
- Isagoo ilmahiisa la xisaabtamaya ayuu haddana u dabacsanyahay
- Wixii shaqayn waaya wuu baddeli ogyahay.
- Goor horana wuxu u tabobbaraa in ay iyagu kaligood wax qabsan karaan iyo masuuliyado da'dooda kolba ku xidhan

Qiyamka iyo mudnaansiinta: Waalidku waxay leeyihiin qiyam kala duwan iyo kala mudnaansiin qiyameed oo kala duwan kolka ay barbaarinta ubadka noqoto, taasoo qayb wayn ay ka soo qaadatay sidii ay u soo kala barbaareen. Tusaale ahaan, mid ka mid ah waalidka ayaa waxa uu mudnaanta siinayaa in ilmuhu uu Qur'aanka durba dhammeeyo oo xafido, halka midka kale uu mudnaanta siinayo fahamka oo uu doonayo in ilmuhu wakhtigiisa iska qaato. Kala-duwanaanta hooyada ama aabbaha qiimaha la leh iyo mudnaansiinta ayaa keenta kala aragti duwanaan ku aaddan waxa ay tahay in diirradda la saaro.

Culaysyada iyo karkabada waalidka: Waxaa sidoo kale jira cunsurro dibadeed oo ay ka mid yihiin culaysyada hawleed, tan shaqo, culaysyada dhaqaale iyo filashada dadka ina ku hareeraysan oo dhammaantood saamayn ku yeesha habka ay hooyada iyo aabbuhu wax u barbaarinayaan. Xaaladahaa karkabada iyo culayska leh ee iyaga ka baxsan, waxay keenaan is-khilaaf iyo joogtayn la'aan.

Aqoonta barbaarinta: Sidii aynnu hore u soo tilmaannay, barbarintu waa aqoon, weliba waa aqoon xilliyeed. Waxaa marar badan kala aragti duwanaanta waalidka keena aqoondarrada midkooda ama labadoodaba ka haysata ubadkooda iyo hab-barbarinta habboon. Ubadku way kala baahi duwanyihiin, kala dabci duwanyihiin, da' walibana hab loo la macaamilo oo gaar ah ayay rabtaa. Haddii mid ka mid ah waalidku aanu aqoon u lahayn jaad-gooninimada iyo baahiyaha kala duwan ee carruurtiisa, midka kale se ku baraarugsanyahay, waxay keensataa fagaag (gap) wayn oo keena is-fahandarro.

Wadahadal la'aan: Qodobka ugu wayn ee intaba wada saameeya waxa weeye waalidka oo aan lahayn wadahadal iyo in aanay arrimaha nolosha qoyskooda muhiimka u ah wadahadal iyo wada-sheekaysi ka yeelan. Marar badan waxaa qayb wayn ka qaata in waalidka midkood ama labadoodu ay ku guuldarraystaan in ay si habboon u gudbiyaan fikradahooda, waxa ay walwalka ka qabaan, iyo in si maangal ah loo wada hadlo. Haddii aanay walidku ka wada hadal arrimaha ubadkooda, iyo si guudba nolosha qoyskooda, oo uu midba fisho in midka kale maankiisa akhriyayo isagoon u sheegin wixii uu jeclaan lahaa, waxa dhacaysa in khilaafku ka dhammaan waayo. Wadahadalku wuxuu nolosha qoyska u yahay sida uu ogsijiinku nolosha qofka u yahay. Haddii waalidku wakhti wada qaadan waayo kana wada hadli waayo arrimaha qoyskooda, waxa dhacaysa in uu is-fahankoodu kala fogaado damalkii waynaa ee ay wada hoos hadhsanayeenna uu qalallo.

3.3. Maxay yihiin Waxyaabaha ay Tahay in Waalidku isla Meeldhigaan?

Waxyaabaha ay tahay in waalidku aragti mid ah ka yeeshaan waa badanyihiin, oo waxaaba la odhan karaa waa arrimaha guriga iyo barbaarinta oo dhan. Hase ahaatee, waxaan rabaa in aan xoojiyo 7 qaybood oo lagamamaarmaan u ah in hooyada iyo aabbuhu ay sheeko ka wada yeeshaan.

Noocadda barbaarintooda: Sidaan kor ku soo tilmaannay, waalidku waxay leeyihiin noocyo barbaarineed kala duwan (parenting styles), taasoo qayb wayn ka qaadata is-fahanka iyo is-fahandarrada ku aaddan sida ilmaha loo la macaamilayo. Waa muhiim in hooyada iyo aabbuhu is-qiimeeyaan, si uu mid waliba u ogaado nooca hab-barbaarineed ee uu leeyahay. Kolka ay ogaadaan noocyadooda hab-barbaarineed, waxaa fududaanaysa in ay kolka horaba isla fahmaan in qaab-barbaarinta lammaanihiisu tahay qayb dabcigiisa ka mida e aanay ka ahayn jileec ama qallafsanaan uu u qasdayo. Waa marka labaade, haddii aabbuhu yahay waalid carruurta wax kasta u ogglaada (permisive) hooyaduna nooc barbaarinteedu tahay mid helikobtar ah (helicaptor parenting style), waxay isku caawin karaan sidii ay labadooduba u noqon lahaayeen waalidka macallinka ah (authoritarive).

Qaayasoorka (qiyam): Hooyada iyo aabbuhu sidoo kale waa in ay isla meel dhigaan qiyamka ay doonayaan in ay ubadkooda u gudbiyaan, iyo sidoo kale waxa la barayo iyo sida wax loo barayo. Wax wal oo wanaag ah oo aad ubadkaaga la doonayso in uu sameeyo iyo wax wal oo aad doonayso in uu iska daayo waxay la xidhiidhaa qiyam iyo qaayasoor ay tahay in ubadka lagu abuuro. Mushkiladdu se waxa weeye in marar badan waalidka laftooda aanay qiyamtu isku boos ugu jirin. Tusaale ahaan, waxaa laga yaabaa in haddii ay hooyada iyo aabbuhu isu qiime tirsadaan oo ay shanta ugu horreeyaba ay isaga mid ka noqdaan ay suuragal tahay in ay ku kala duwanaadaan sida ay ugu kala mudanyihiin. Sidaa daraaddeed, waxaa habboon in hooyada iyo aabbuhu ay isla fadhiistaan oo ay wada qoraan waxyaabaha qiimaha iyaga u leh ayna jeclaan lahaayeen in ay ubadkoodu yeeshaan.

Iskuulka iyo waxbarashada: Waxyaabaha sidoo kale ay tahay waalidku in ay isla fahmaan waxa weeye iskuulka ay carruurtu aadaayaan, nashaadka iskuulka ee ay ka qayb qaadanayaan, iyo hannaanka ay waxbarashadooda u la soconayaan. Marar badan waxaad mooddaa in aanay waalidku waxbarashada ubadkooda warba ka hayn, haddana khilaafkoodu uu meelo badan iskuulka iyo dugsiga laftiisa ku salaysanyahay. Tusaale ahaan, waxaa laga yaabaa in aabbuhu aanu jeclayn in ilmahiisa la garaaco laakiin hooyadu ay garaacistaba u aragto in ay tahay qayb ka mid ah edbinta, macallinkana ay tahay in uu ilmaha garaaco. Haddii aanay labadoodu ka wada sheekaysan dareenkooda ku aaddan hab-dhaqankaa macallinka, waxa laga yaabaa in ay khilaaf ka dhex abuurto labadooda, hadhowna la isku eedeeyo ilmaha ka ma naxaysid iyo waadan kala jeclayn.

Hab-edbinta: Hooyada iyo aabbuhu waa in ay isla abuuraan hannaan joogtaysan oo ay ubadkooda u edbiyaan kolka ay ku kacaan hab-dhaqanno aan habboonayn. Waa muhiim in ay jirto hab ay isla oggolyihiin oo ay ku la tacaamulaan khaladaadka carruurtu samaynayaan, sida in ay leeyihiin qawaaniin qeexan, iyo hab digniin bixineed, taasoo ay uga gol-leeyihiin in ay ku wajahaan in ilmuhu barto ganaaxyada ka dhalanaya hab-dhaqankiisa iyo in uu barto casharro muhiim ah oo nololeed.

Haddii aanay waalidku ku wada socon habka ilmaha loo edbinayo, nooca cawaaqib (tognaan iyo tabnaan) ay kala kulmayaan hab-dhaqankooda, waxaa dhacaysa in ilmuhu u janjeedhsado midka la tacaamulaya mooye midka kale, hadhowna ay badi keensato in ay hooyada iyo aabbaha laftooda ka dhex tolato. Kolka se hooyada iyo abbuhu ku wada socdaan hab edbinta waxa dhacaysa in ilmuhu u arko in hooyo iyo aabbe isku mid yihiin oo aan laga dhex faa'iidaysan karin. Waa laga yaabaa in mararka qaarkood mid ka mid ah waalidka uu cadho kala dul dhoco ilmaha, laakiin waxaa muhiim ah in aanay carruurta hortooda isku khilaafin ee ay goob aanay carruurtu joogin isku la hadlaan iskuna saxaan.

Cilaaqada dadka kale: Waxyaabaha kale ee marar badan keena in waalidku isku khilaafaan edbinta waxaa ka mid ah saaxiibbada carruurtu ay la cayaarayaan oo lagu kala aragti duwanaado, xilliga ay baxayaan iyo xilliga ay soo noqonayaan, cidda ay la ciyaariyaan iyo waxa ay cayaarayaan lafteeda oo aan la isku waafaqsanayn. Waxybaaha kale ee ay waalidku ku kala aragti duwanaadaan waxaa ka mid ah dhex-galka ehelka oo ay u badantahay in ay dhibaato ka timaaddo hababka ay ilmuhu ehelka u la falgalayaan. Waxaa laga yaabaa in ilmuhu yidhaahdaan guriga eeddo ayaan soo joogayaa, ama habaryar baan raacayaa, se hooyada iyo abbaha uu midkood khalad u arko in ilmuhu guri kale tago ama cid kale wax u soo iibiso.

Haddii aanay ka wada hadal oo aanay meel isla dhigin, kali ah hooyada, aabbaha iyo ilmaha ma saamaynaysee waxay sidoo kale keensataa ehel kala niyad xumaada. Badi waxaa arrimahan oo kale loo arka waxyaabo aan sidaa u waynayn oo aan saamayn lahayn laakiin waxay ka mid noqotaa khilaafyada yar yar ee is-biirsada ee hadhowna abuura khilaafka wayn ee u qarxa sida foolkaanada.

Isticmaalka Tiknoolajidda: Mid ka mid ah mushkilaadka soo kordhay dhawaanahan, se aan berigii hore jirin, waxaa ka mid ah qabatinka aaladaha tiknoolajiyadda, sida taleefannada, kombuyuutarrada iyo taableedyada. In badan oo ka mid ah carruurta iyo waalidkuba waxay ku mamanyihiin taleefannada iyo taableedka. Waa muhiim in ay jiraan xeerar iyo qawaaniin waalidku isla ogyihiin oo ku saabsan qaabka loo adeegsanayo taleefannada, aybaadyada iyo kombuyuutarrada. Badi waxa dhacda in mid ka mid ah waalidka uu ilmaha u dhiibo taleefanka, isagoo isaga sii jeedinaya oo uu kolkaa muddo dheer adeegsado. Waalidkii kale ayaa isaguna arkaya ilmahan taleefanka aadka u isticmaalaya, dabadeedna halkaa waxa ka bilaabmaya khilaaf waalidka ka dhex tolma. Si guudba, danta caafimaad-maskaxeed ee ubadka iyo tan cilaaqo ee hooyada iyo aabbahaba waxay ku jirtaa in ay jiraan hab ay isla ogyihiin oo ay ilmaha u adeegsan karaan tiknoolajiyadda.

3.4. Haddii la Kala Tago!

Furriinku waa xal Ilaah, waase xalka ugu dambeeya haddii waddo iyo waanwaan la waayo. Hase ahaatee, haddii labada qof ay ilmo ka dhexeeyaan, taa macnaheedu waxa weeye xadhiggii isku hayay uun baa furmaye waxaa hadhay oo ka dhex yaalla xidhiidh kale oo muhiim ah. Waa xidhiidh ka baaxad wayn qabkooda, waxa ay isku hayaan iyo wixii ay ku kala tageen. Waa xidhiidh waalidnimo oo ka ballaadhan xidhiidhkoodii go'ay ee xaasnimo. Waa xidhiidh ku qotoma dareen aabbanimo iyo mid hooyanimo. Waa xidhiidh iyo xadhig tuubbo ku tallaalan wadnayaashooda oo ay ku waraabinayaan ubaxaa qurxoon ee Ilaahay ka sakow iyagu sababta u ahaayeen in uu ifka u soo boxo. Badi, labada qof kolka ay kala tagaan waxaad mooddaa in wixii ay is-yeeleen uun ay u muuqato oo baahidaa ubaxaa yari u qabo eegi waayaan. Waxaa la yidhi: meesha labo maroodi isku layso cawskaa ku burbura. Carruurtaa laga dhigtaa hub la isaga aarsado. Dulmi ka wayni ma jirto ilme aad dhashay oo sebi ah in aad hooyadii ama aabbihii hub uga dhigato aad ku xanuujiso.

Hooyada iyo aabbaha naf ahaan qaan-gaadhka ah ee dareemmadooda iyo caaddifaddooda ka adagi waxay garanayaan mas'uuliyadda wayn ee guudka ka saaran. Waxay garanayaan hadafka wayn iyo sawirka balaadhan. Waxay furriin ka dib ka wada xaajoodaan sidii ay ubadkooda u wada korsan lahaayeen, iyagoo mararka qaarkoodna gaadhsiiya in aanay dareensiin in hooyadood iyo aabbahood kala tageen; halka kuwa aan naf ahaan qaan-gaadhka ahayn ay carruurta isku uleeyaan ama ay isku tuurtuuraan. Hooyada iyo aabbaha qaan-gaadhka ahi waxay ka wada xaajoodaan sidii ay hadaf midaysan uga yeelan lahaayeen ubadkooda uguna ilaalin lahaayeen wax wal oo caqabad ku noqonaya korriimadooda iyo kobacooda qofnimo. Intii taagtooda ah waxay isku dayaan in ay u buuxiyaan baahiyahooda kala duwan ee baahi laxaweed leh, baahi maskaxeed leh, baahi nafsiyeed leh, baahi diineed leh, baahi aabbanimo iyo mid hooyanimo leh. Ka ma xayiraan ubadkooda baahiyaha tirabeelka ah ee ay hooyadood iyo aabbahood u qabaan, si kasta oo ay iyagu wax isugu diiddanyihiin.

3.5. Sidee Labada Qof ee kala Tegay Ubadka u Wada Korsan Karaan?

Waan ogahay in ay adagtahay qof aydaan is qabin oo laga yaabo in dhibaatooyin badani ay idin soo dhex mareen aad tidhaahdo ilmaan isla barbaarinaynaa, laakiin ubaxaa yar yar ee aad Ilaahay ka sokow dunida keenteen baa baahiyihiisu ku xidhanyihiin. Waxa jira baahiyo ay hooyadu ubaxaa yar u buuxin karto oo aanu aabbuhu u buuxin karin. Waxaa sidoo kale jira baahiyo uu aabbuhu u buuxin karo oo aanay hooyadu u buuxin karin. Haddaba, sidee baa ilmaha loo wada korsan karaa iyada oo aan la wada joogin? Dhowrkan qodob ee hoose ayaan is-leeyahay way caawin karaan waalid kasta oo xaaladdaa ku sugan.

Ka feker danta guud: Sidaan kor ku soo xusnay, meesha waxa yaalla baahi ka badan waxa aad isku haysaan. Haddii aydaan baahida eeginna waxa ilmahaa yar yar gaadhi kara dhaawac ka badan kan aad idinku kala tirsanaysaan. Sidaa daraaddeed, wax wal oo adiga iyo ilmahaaga aabbahood/hooyadood idin soo dhex maray, labadiinna ha idin ku koobnaato. Shaqada imminka idiin taalla waa mid labadiinnaba idin ka wayn oo u baahan naf-hurnimo.

Niyadda wanaaji: Wax waliba niyadda ayay ka bilowdaan. Ilaaha aan awooddiisa quud-darraynaynnana quluubteenna ayuu eegaa. Si uu Ilaahay barbaarinta iyo hawlahaaga kaleba kuugu kaalo, culaysyadaadana u feydo, waxaad u baahantahay gudashada waajibkaa Ilaahiga ah ee ubadka kaa saaran. Waa inaad gudashada waajibkaa ka dhigato mid ka mid ah waddooyinka waawayn ee uu Alle if iyo aakhiraba kuugu gargaarayo. Wanaaji niyadda. U wanaaji niyadda ilmahaaga aabbahood ama hooyadood. Ha odhan: "isagoo la jooguu sidaa yeeli waayaye, ma isagoo maqan buu sidaa yeelayaa?" "Ma qofkii sidaa ii galay baan ilmahayga u soo dhawaanaya oo aan arki karaa?" Khayr iyo wanaag filo, Ilaahayna ma dayacayo wanaagga aad fasho.

Wadahadal ku salaysan ixtiraam: Wadahadalka toolmoon ee hooyada iyo aabbaha kala tagay ka dhexeeyaayi, waa tuubadii aynu kor ku soo tilmaanay in ay tahay wixi waraabinayay ubaxyadaa yar yar. Ilmahaaga aabbihii ama hooyadii la yeelo xidhiidh is-ixtiraam ku salaysan. Wadahadal aan ku dhisnayn gocasho, qallafsanaan iyo maagis e ku dhisan hadafkaa wayn ee ku salaysan in laga wada shaqeeyo caafimaadka guud ilmihiinna.

Qorshe barbaarineed: Ka wada hadla sidii aad ilmaha u wada korsan lahaydeen. Badanaa biil uun baa laga wada hadlaa, laakiin ka wada hadla waxbarashada ilmaha iyo waxa uu ka gaabinayo ee uu caawimaadda uga baahanyahay. Wada samaysta qorshe haykalaysan oo ku salaysan sidii aad ilmaha wakhti u la kala qaadan lahaydeen. Haddii uu ilmuhu midkiin la joogo, ka wada hadla sidii aad wakhti ugu samayn lahayd kan raba in uu ilmaha soo booqdo ama fasax la aado. Samaysashada qorshe cad waxay yaraynaysaa in waalidku is-khilaafaan.

Debecsanaan: Noloshu way xaalado badantahay, isbaddellaana dhici kara. Qofku isagoo ku la ballansan ayay hawlo ku soo bixi karaan. Aqbal cudurdaarrada ka imaanayaa ilmahaaga aabbohood ama hooyadood. Nugaylka iyo bebecsanaantu waxay xoojisaa cilaaqada togan ee waalidka ka dhaxeysa.

Ixtiraam nooc-barbaarinta waalidka kale: Sidaan kor ku soo xusnay, waalidku waa kala qaab-barbaarin duwanyihiin. Mid baa askari ah, midn wax wal oo uu ilmuhu rabo ayuu u yeela oo wuu u debeccsanyahay. Ixtiraam qaab-barbaarintiisa, waayo ma aha wax uu maalin iyo labo ku baddeli karo oo uu ugu gudbi karo qaab-barbaarinta macallinimada iyo xikmadda ku salaysan. Shaqsiyaddiisu waxay soo samaysmaysay muddo dheer, si uu wax uga baddelana waxay u baahantahay wakhti iyo tusaalayn ku salaysan naxariis iyo lexejeclo. Ha dhaliilin oo ha eedayn e si wanaagsan xilli wanagsan ugu sheeg oo u hoga-tusaalee.

Daryeel nafeed: Barbaarinta waalidku wada joogo iyo tan labada qofi kala maqanyihiin, labaduba waxay u baahantahay in waalidku naftiisa daryeelo. Qofku ma bixin karo wax aanu hayn. Haddii aadan xasilloonayn, adigana agtaada lagu xasili kari maayo. Haddii aadan naftaada jeclayn oo aad intaa is-hii-fayso oo aad is-haaraamayso, agtaadana jacayl laga heli maayo. Haddii aadan isu naxariisan oo aadan naftaada dulqaad u yeelan, cid kalana dulqaad u yeelan kari maysid. Maaree karkabadaada (strees); mudnaan sii daryeelka naftaada; cibaadayso; jimicso; si wacan u seexo; cunto dheellitiranna cun. Daryeel naftaada, waayo xasilloonidarrada gudahaaga ka jirtaa waxay ka muuqataa xidhiidhka aad la leedahay dadka kugu hareeraysan.

Ogow, la-barbaarinta ilmo cid aydaan wada joogin waa hawl dheer oo u baahan sabar iyo dulqaad. Waxay u baahantahay niyad wanaagsan iyo jacayl aad jeclaysanayso in wax waliba hagaagaan. Haddii wax khaldamaan, iska ilaali in aad ilmaha ka dhigato radio ama talafoon aad farriimahaaga u dhex mariso qofka kale. Wadahadalku ilmahaaga iyo aabbahood/hooyadood ka ma dhexeeyee idinka oo waalidka ah buu idin ka dhexeeyaa. Wajah ilmahaaga aabbahood/hooyadood oo adigu kala hadal waxa aad doonayso ama tabanayso.

TALOOYINKA CUTUBKA

- Barbaarintu waa safar dheer iyo shaqo aan muddaysnayn. Sida ugu wanaagsan ee loo gudan karana waa siduu Alle ugu talagalay oo ah in uu ilmaha ka dhex abuuray hooyo iyo aabbe ay tahay in ay shaqadaa iska kaashadaan.
- Carruurtu waxay u baahan yihiin hooyo iyo aabbe hab-barbaarinta ku wada socda, gaar ahaan hab-edbinta, waayo, ubadku waxay fursad ay danahooda uga faa'iidaystaan ka dhex raadiyaan khilaafka waalidka ee hab-barbaarintooda la xidhiidha.
- Kala duwanaanta hab-barbaarineed ee aan laga wada hadal waxa ay keento jahwareer, karkabo, iyo cilaaqo xun oo saameyaysa caafimaad laxaweedka carruurta, sidaa daraaddeed yeesha hab-barbaarin aad isla og tihiin.
- Isla fadhiista adiga iyo lammaanahaaga oo ka wada hadla arrimaha muhiimka ah ee hab-barbaarintiina la xidhiidha sida: noocadda barbaarinta, hab edbinta, xeerarka tiknoolajiyada, iyo cilaaqada carruurtu la leeyihiin dadka kale iyo qiyamka aad jeclaan lahaydeen inaad ilmihiina bartaan.
- Haddii aad kala tagtaan, xasuusnow in sariirtii uun lagula tagay, se cilaaqadiinnii iyo mas'uuliyaddii barbaarinta ay sii soconeyso. Inta aad awooddo ku dadaal inaad ilmaha u abuurto bay'ad nololeed oo xasilloon oo aan carruurta hub looga dhigin dagaalka waalidka.

- Ku dedaala wadahadal togan oo is-ixtiraam leh la yeelo ilmahaaga hooyadiis/aabbihiis, sameysta qorshe barbaarineed, oo is-tanaasulaan mararka qaar. Iska ilaali inaad ilmahaaga aabbihii ama hooyadii wax xun aad uga sheegto ama aad ku dirto. Ogow in ilmahaagu badh adiga ku yahay, badh na aabbihii/hooyadii yahay, oo haddii aad hooyadii u caydo ama aad aabbihii ku dirto, uu badh isaga ka mid ah nacayo.

CUTUBKA 4

CIQAAB BILAA EDBIN AH

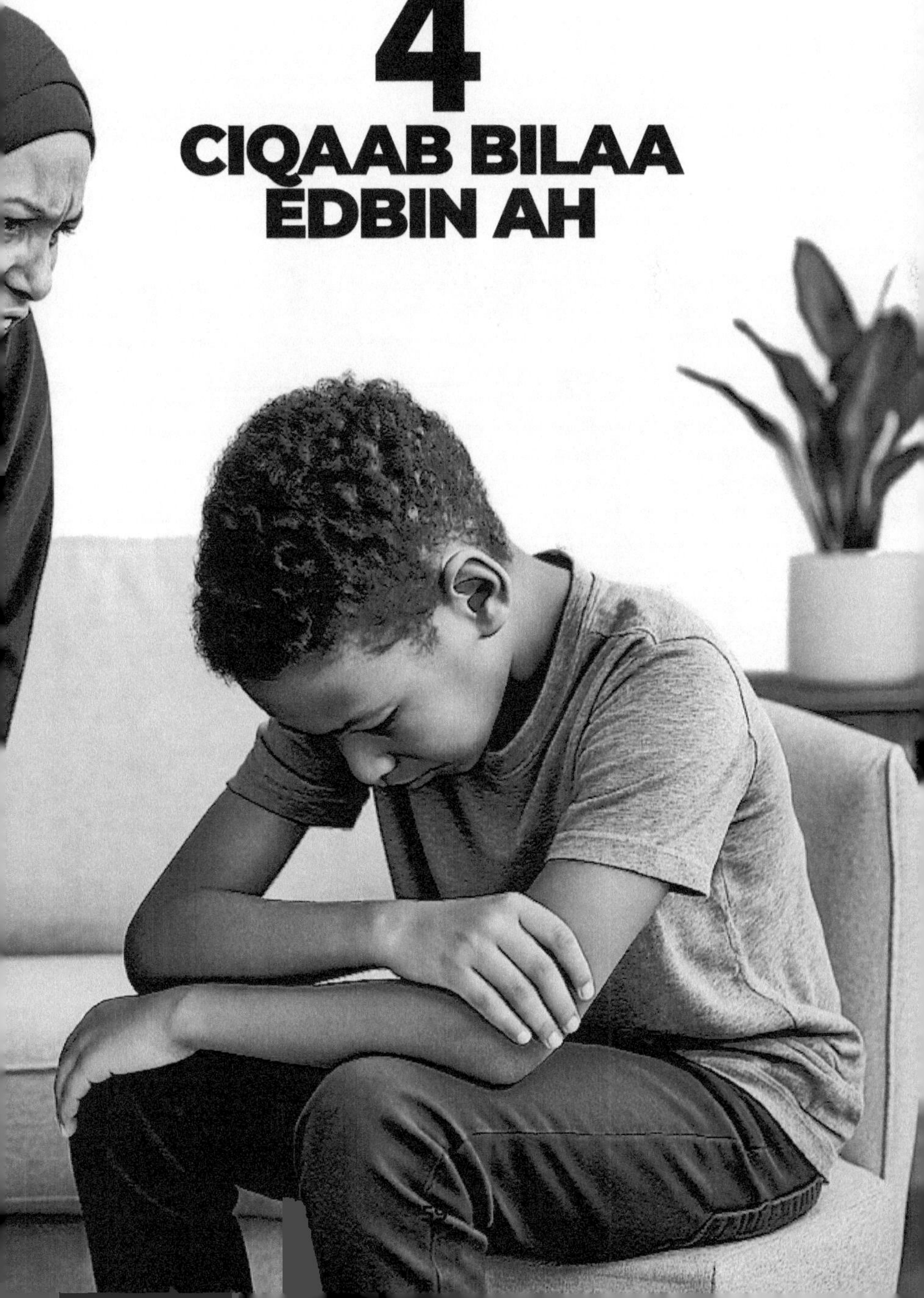

4.0. CIQAAB BILAA EDBIN AH

> *Marka ilmuhu ilme kale wax ku dhufto, waxaan nidhaahnaa waa 'gardarro.'*
> *Marka ilmuhu qof wayn wax ku dhufto, waxaan nidhaahnaa waa 'edebdarro.'*
> *Marka qof wayn qof kale oo wayn wax ku dhufto, waxaan dhahnaa waa 'weerar.'*
> *Marka qof wayn ilme yar wax ku dhufto se, waxaan dhahnaa waa 'edbin.'*
>
> **Haim Ginott**
> *Child Psychologist and Psychotherapist.*

Erayga "descipline" asalkiisu waa Giriig, macnihiisu yahay "waxbaris". Erayga "edbin" waa eray aan macnihiisu tilmaamayn ciqaab iyo garaacis toona. Asalka erayga "adab", Islaamka ka hor waxa lagu tilmaami jiray qofka cuntada waliimada ama sabta dadka ugu yeedha. Qofka dadka cuntada ugu yeedhaa waxa la odhan jiray "aadib" الآدب, cuntada loogu yeedho lafteedana waxa la odhan jiray المأدبة. Muddo ka dib, eraygu wuxu qaatay macne balaadhan oo ka duwan kii hore oo ah akhlaaqda wanaagsan. Qofka dadka cuntada iyo martisoorka ugu yeedha waa qof deeqsi ah, deeqsinimaduna waa qaayasoor (qiyam/value) ka mid ah akhlaaqda wanaagsan.

Sidaa daraaddeed baa markaan qof ku tilmaamayno akhlaaq wanaagsan loo yidhaahdaa "Hebel waa qof aadaab leh." Macnaha, hebel waa qof dhaqan wanaagsan oo akhlaaq wacan. Nabiguna, NNK, waa tii uu lahaa: " أدَّبني ربي فأحسن تأديبي" oo macnaheedu yahay Rabbigay wuu qurixiyay, akhlaaqdayda iyo hab-dhaqankaygaba. Xilligii Ummawiyiinta ayay haddana waji kale ku darsatay wajiyadii hore. Waxaa xilligaa soo if-baxay macalliimiin carruurta Khulafaa'u Raashidiinta barta akhlaaqda wanaagsan. Labo shaqaba way qaban jireen; dhan waxa ay bari jireen cilmiga iyo aqoonta, dhanka kalana waxa ay bari jireen akhlaaqda iyo dhaqanka wanaagsan, dhaqankaasoo kolkii dambana ku faafay xarumaha iyo xalqooyinka cilmiga.

Nooca hab-barista waxa ay xataa soo gaadhay wakhti dhawayd oo ma jirto culimadeennii waawaynayd cid aan aadaabta iyo culuumta soo wada qaadan. Maxaan uga jeedaa aaraartaasoo dhan? Kali ah waxaan rabay in aan idhaahdo ma jirto garaacista iyo ciqaabtu meel ay ka soo galayso edbinta.

4.1. Maxay ku kala Duwanyihiin Edbin iyo Ciqaab?

Halka ay ciqaabistu ka tahay hab falcelin ah (reactive) oo lagaga falcelinayo khaladka ilmuhu sameeyay, edbintu waa fal ay tahay in la horseedo (proactive) oo wax dhici kara lagaga hortagayo. Hadafka edbintu waa in ilmaha lagu abuuro in uu yeesho naf-xakamayn; in uu qaado mas'uuliyad iyo in uu barto isla-xisaabtanka, taasoo lagu salaynayo filashooyin iyo ganaaxyo cad cad oo ilmaha loo dhigayo, toosin iyo tilmaamidna ay weheliso.

Halka ciqaabistu ay ku salaysantahay cunfi iyo ku cadho-burur, edbintu waxay ilmaha ku dhiirrigelisaa in uu ka fekero ficilladiisa, fahmo cawaaqibta ka dhalan karta hab-dhaqankiisa iyo in uu barto in uu doorto hab-dhaqanka san ee saxan.

Halka ciqaabistu ay tahay carin iyo baqdin-gelin dibadeed oo waalidka ama macallinka ka imaanaysa, edbintu waxay dhiirrigelisaa carin gudeed iyo naf-edbin, taasoo hadhow kolka uu waynaadana ku caawinaysa hab-dhaqan edebsan oo joogtaysma.

Ciqaabta waxa weheliya qaylo, guulguul, ceebayn iyo dhalleecayn, edbintu se waxa ay xoogga saartaa muhiimadda ay leedahay in ilmaha la fahmo oo kabihiisa la la gashado lana caawiyo. Waayo, barbaariyuhu wuxuu ku baraarugsanyahay jaad-gooninimada ilmaha, xaaladaha ay ku suganyihiin iyo awooddooda gaarka ah oo ay intaba ku kala duwanyihiin. Sidaa daraaddeed, wuxuu barbaariyaha wanaagsani isku hawlaa sidii uu isu waafajin lahaa edbintiisa iyo jaad-gooninimada ilmaha uu barbaarinayo.

Halka hab-barbaarinta ciqaabista ku salaysani ay ubadka isku si u la dhaqanto, edbinta wanaagsan ee barbaariyuhu waxay ku baraarugsantahay da'aadda kala duwan ee carruurta, si ilmo wal uu u helo toosinta iyo tilmaamidda da'diisa ku habboon.

Halka ciqaabistu ay diirradda saarayso qaylada iyo cagajuglaynta, edbintu waxay diiradda saartaa sidii ilmaha loogu abuuri lahaa bay'ad quwaysa oo korriimadiisa iyo waxbarashadiisa ka qaybqaadata. Wuxuu barbaariyuhu ilmaha baraa casharro nololeed iyo xirfado uu ku maarayn karo noloshiisa. Wuxuu xoogga saaraa sidii ilmaha loogu abuuri lahaa qiyam iyo qaayasoor wanaagsan, si uu ilmuhu hadhow u yeesho naf samaha iyo wanaagga u janjeedha, xumaha iyo dhaqan-ceebaalka oo dhanna ka cararta.

Halka ay ciqaabta aynu edbinta u naqaan ku salaysan tahay garaacista, qaylada, guulguulka, canaanta, ceebaynta iyo dhaleecaynta, edbinta wanaagsani waxay ku salaysan tahay fahan, degganaan, wadahadal, kalsooni, hogasus iyo hawaalewarran.

Edbinta carruurtu waa hannaan ubadka lagu barayo laguna hagayo in ay raacaan qawaaniinta iyo xudduudaha loo dhigay una yeelan lahaayeen naf-xakamayn iyo hab-dhaqan hagaagsan. Hab-baristaa iyo hagiddaa waxaa la socda in carruurta loo dhigo xudduudo cawaaqib ka dhalanayaan haddii lagu xad-gudbo iyo hagidyo ilmaha lagu caawinayo sidii uu khaladaadkiisa u sixi lahaa, hadhowna wax uga baran lahaa oo u dooran lahaa hab-dhaqannada wanaagsan.

Intaa aan soo tilmaannay, hadda ciqaab iyo garaacis meelna kaga ma jirto. Ciqaabtu waxay xoogga saaraysaa ganaax ilmaha lagu saarayo ficilka uu sameeyay, halka edbinta hadafkeedu yahay waxbaris iyo hagitaan ilmaha lagu hagayo in uu dhaqan wanaagsan yeesho.

4.2. Dhibta Garaacista

Garaacistu ma aha hab habboon oo lagu saxo khaladka ilmuhu samaynayo ee waa hab fool xun oo ilmaha saamayno taban ku keena. Halka edbintu ay tahay wax baris, toosin iyo tababbarid, daraasaadku waxay tilmaamayaan in garaacistu iyo guud ahaanba ciqaabta cunfiga ku dhisan ay keenaan xanuun jidheed iyo mid laxaweed oo aan waxba ka tarin hab-dhaqanka carruurta, in ay wax sii xumayso mooyee. Waxaa garaaca iyo dhirbaaxada dheer oo aan sinnaba looga ag-waayin qaylada, ceebaynta iyo erayada kale ee taban. Waayo, ma jiro waalid isagoo aammusan uun ilmaha garaaca e marka ay ugu yartay cay, ceebayn ama qaylaa la socota, kuwaasoo dhammaan mustaqbalka dambe ee ubadka u geysta dhaawac maskaxeed iyo mid nafsiyeedba.

Garaacistu waxay leedahay saamayn caafimaad oo taban. Akademiyadda Dhakhaatiirta Maraykanka (AAP) oo ah hay'ad ay ku midaysan yihiin lixdan iyo toddobo kun (67,000) oo dhakhtar, xooggana saarta horumarinta caafimaadka jidheed, maskaxeed, iyo midka bulsho ee carruurta, iyo hay'ado kale oo arrimaha nafsiga ku hawlaniba, waxay dhammaantood isku raaceen in garaacsistu ay saamayno badan oo taban ilmaha ku yeelato. Daraaso lagu sameeyay carruur yar yar oo ku kala nool 20-ka magaalo ee ugu waawayn Maraykanka ayaa waxa lagu ogaaday in ilmaha waalidkoodu garaaco ay yeeshaan hab-dhaqan taban oo tilmaamaya in hab-dhaqankoodu ka sii daray. Tusaale, waxa la arkay mar wal oo ilmaha la sii garaaco, ay hab-dhaqankaa xun ee ay samaynayaan uu sii siyaadayo, taasoo iyana sii sababaysa in ilmaha haddana la sii garaaco.

Garaacistu waxay ilmaha bartaa gacan-ka-hadalka (cunfi): Garaacistu, way ka gudubsan tahay cilaaqada ilmaha iyo waalidka ka dhexeysa. Mar wal oo ilmaha la garaaco, waa mar wal oo uu dhib iyo xanuun jidheed iyo mid nafsiyeedba uu dareemayo, taasaa waxay ilmaha bartaa in ay caadi tahay in dadka kale la xanuujiyo kolka aad karkabaysan tahay ama aad isku-wareersan tahay (frustrated), xataa hadday yihiin dadka aad jeceshahay. Waayo, isaguba intaa waxa uu arkaa hooyadiisii iyo aabbihiisii dunida ugu dhawaa oo intaa garaacaya oo xanuunjinaya.

4.3. 12 Hab oo Caafimaad Qaba oo aad ku Edbin karto Ubadkaaga

1. **Qiyam ku abuur:** Wax wal oo aan carruurta ka doonayno in ay sameeyaan waa wax qiimo innala leh, wax wal oo aan doonayno in ay iska daayaanna waa wax aan qiimo nala lahayn ama wax qiimo inoo leh liddi ku ah. Taa macnaheedu waa maxay, intii aad ilmahaaga ku qaylin lahayd ama aad

ku dili lahayd in uu wax wanaagsan sameeyo ama wax xun iska daayo, kolka hore waxaa qiimaha badan ku abuur gudihiisa. Tusaale, cuntada uu dhulka ku daadinayo intaad ku dili lahayd, ku beer qiimaha nadaafadda. Intii aad ku dili lahayd salaadda tuko, ke beer jacayl uu rabbigii u qaado. U sheeg oo bar carruurtaada khaladka iyo saxa, adigoo si deggan wax ugu sheegaya, sidoo kalana ficil ku tusaya. Habdhaqanka aad doonayso in ilmahaagu yeesho kolka aad uga sheekayso, adigu horseed ugu noqo.

2. Guriga u deji xeerar qeexan: Carruurta u samee xeerar cad cad oo joogtaysan, sidoo kalana dhaqan-geli oo mar wal ku la soco. Hubi in ay fahmeen xeerarka aad u samaysay adigoo ku salaynaya da'aadooda iyo weliba hab ay ku fahmi karaan.

3. Ganaaxyo cadcad: Adigoo si deggan laakiin culus u sheegaya, u sharrax ganaaxyada iyo cawaaqibta ka dhalanaysa hab-dhaqankooda silloon ama samayn la'aanta hawsha ay tahay in ay qabtaan. Tusaale ahaan, haddii mid ka mid ah xeerarka guriga u yaal uu yahay iskuulka marka aad ka timaaddaan ee aad cuntaysaan, qof walba casharkiisa ha ka shaqeeyo, kii diyaarin waayana ganaaxiisa uu noqonayo in aanu maalintaa aybaadkiisa (Ipad) isticmaalayn. Sidoo kale, dhaqangelin bay kaa dalbaysaa inaad xeerarka aad guriga u dejisay iyo ganaaxyadoodaba aad dhaqan geliso.

4. Si wacan u dhegayso: Dhegaysigu waa u muhiim cilaaqada waalidka iyo ubadka ka dhexeysa, waana mid ka mid ah baahiyaha ugu waawayn ee uu ilmuhu qabo. In badan oo waalidka ka mid ah ilmaha ma dhegaystaan e waxay jecelyihiin in iyaga la dhegaysto. Cilaaqo kasta oo labo qof ka dhexeysa, cidda ay doonaanba ha ahaadaan e, waxay ku dhisantahay wadahadal, wadahadalkuna waa laba-waddoole oo qof wal markiisa ayuu hadlayaa, marka kalana dhegayste ayuu noqonayaa. Haddii dhegaysigaa la waayo, wadahadal

ma jiro e waxa kali ah jira waa hadalhal dhinac uun ka socda. Haddii wadahadalkaa habboon la waayo, waxaa meesha ka baxaya cilaaqadii wanaagsanayd, haddii ay cilaaqadu meesha ka baxdana waxaa lumaya wax badan oo labada qof isu soo dhawaynayay. Ilmaha iyo waalidkiisu waa sidaas oo kale; haddii aanay cilaaqo wanaagsan waalidka iyo ilmihiisa dhex oollin, waxa uun imanaysa waalid intaa ka cabanaya in aanay ilmihiisu maqlayn, waayo waa ilmo aanad furaha qalbigiisa haynin. Ka hor inta aadan ilmahaaga khaladka uu sameeyay ku canaanan, dhegayso. U oggolow in uu dhammeeyo hadalkiisa oo ha ka kala goyn. Maaddaama aynnu nidhi dhegaysigu waa mid ka mid ah baahiyaha aadanaha, haddii mar wal oo uu wax kuu sheegayaba aad canaan ku la booddo oo aad afka goosato, marka dambe wuu kaa cararayaa oo wuxuu la aadayaa kuwo xun xun oo dhegaysanaya oo aanad jeclaysanayn in uu ku nafiso.

5. **Dhugmadaada sii:** Dhugmadu (attention) waa mid ka mid ah hababka ugu awoodda badan, isla jeerkaasna ugu shaqayn badan kolka ay edbinta noqoto — si aad u xoojiso hab-dhaqanka wanaagsan ee ubadka, kan silloonna u nacsiiso; waayo, carrurtoo dhammi waxay raadiyaan dhugmada waalidkood. Dhugmo u yeelo ficillada soo noqnoqonaya ee uu ilmahaagu samaynayo oo baadh sababta ka dambaysa. Ma wax buu tabanayaa? Miyuu masayrsanyahay? Mase wax uu ka baqayaa jira? Wiilkayga baa wuxuu mar walba geli jiray miisaska iyo kuraasta hoostooda, dabadeedna isku kaadshi jiray, mararka qaarna isku saxaroon jiray. Maalmihii hore reerku wuxuu is-odhan jiray kas iyo edab-darruu u yeelayaa. Kolkii dambe waxaa ii soo baxday in uu masayrsanyahay oo uu ka masayrsanyahay wiil yar oo reerka ku soo biiray. Wuxuu ahaa 3-jir, sidoo kalana qofka reerka ugu yar, dabadeedna wuxuu waayay dhugmadii (attention) la wada siin jiray. Mararka qaar ilmuhu waxa uu

khaladkan u samaynayo ma aha edebdarro ee waxa uu u baahanyahay in aad dhugmo iyo daryeel siiso.

6. **Ishaadu ha qabato wanaagga ay samaynayaan:** Ilmuhu kolka ay khalad sameeyaan, waxay u baahanyihiin in loo sheego waxa khaldan ee ay samayeen, kolka ay wax wanaagsan sameeyaanna waxay u baahanyihiin in loo sheego oo lagu ammaano wanaagga ay sameeyeen. Is-bar in ay ishaadu qabato ilmahaagoo wanaag samaynaya oo ku ammaan wanaagga uu sameeyay. Kolka aad u sheegayso wanaagga uu sameeyayna, si gaar ah u tilmaan ficilkaa wanaagsan ee uu sameeyay. Tusaale, "maasha Allaah hooyo! Shaqo wacan baad qabatay in aad saxankii aad cuntada ku cuntay meesha ka qaadday." "Shaqo wacan baad qabatay inaad uruurisay alaabtii aad ku cayaaraysay." Waxay u noqonaysaa dhiirrigelin oo waxay xoojinaysaa dhaqankaa wanaagsan ee uu qabtay. Xasuusnow, laba ka mid ah tiirarka ay barbaarintu ku taagantahay in ay yihiin: waxa aan wanaagsanayn ee ilmaha laga reebayo iyo waxa san ee uu ilmuhu sameeyo ee ay tahay in la sii xoojiyo, si uu samayntooda u wado ilaa ay dhaqan u noqoto.

7. **Xakiim noqo: Baro xilliga ay tahay in aanad falcelin samyn:** Marar badan waxa muhiim ah in aanad wax wal oo uu ilmaahaagu samaynayo aanad ka falcelin. Mar haddaanu ilmhu samaynayn wax khatar ku ah naftiisa, diintiisa, iyo dadka kale, is-moogaysii waxyaabaha kale ee uu samaynayo. Ha noqon qof uun far wal oo uu ilmuhu qaadayo ka falceliya oo ka hadla. Xilliyada qaar, in aad is-moogaysiiso khaladaadka yar yar ee uu ilmuhu samaynayo ayaaba noqon karta hab shaqaynaya oo uu ilmaha ku joojiyo khaladaadka yar yar. Waayo haddii aad wax wal oo khalad ah oo uu ilmuhu samaynayo aad ka fal-celiso, ilmuhu khaladaadka wuu sii wadayaa, si uu u helo dhugmadaada (attention). Tusaale, haddii ilmahaagu kas u jabiyo toyga uu

ku cayaarayay, wixii uu ku cayaaryay buu waayay. Haddii uu si u la kac ah u tuuro buskudkii ama nacnacii aad siisay, isagaa waayay nacnacii ama buskudkii uu cuni lahaa. Ha canaanan e iska daa, isagaa wakhti aan sidaa u dheerayn baranaya in aanu tuurin nacnaciisa, toygiisana aanu jabin, si aanu u waayin nacnac uu cuno iyo toy uu ku cayaaro.

8. **Hag hab-dhaqankiisa:** Mararka qaar carruurtu waxay u baahan yihiin in la hago hab-dhaqankooda, waayo waxaaba laga yaabaa in aanu garanayn si ka duwan sidan uu wax u sameeyay ama u samayn waayay. Waxa sidoo kale laga yaabaa in uu gaajaysanyahay ama uu caajisaysanyahay. Tusaale, Qur'aanka akhri baad ku tidhi, waxaadna aragtay isagoo aammusan ama jeesjeesanaya. Mar labaad iyo mar saddexaad baad haddana akhri tidhi, weli waa sidii. Waxaa laga yaabaa in ay baahi hayso ama daallanyahay, ama uu caajisaysanyahayba. Hadday gaajo hayso cunno sii ama soo qaado dheh, hadduu daallanyahay nasi ama soo yara seexo dheh, haddu caajisaysanyahayna biririf sii oo daqiiqado ha soo yara cayaaro.

9. **Wakhti kelinimo sii (time-out):** Siinta aad ilmaha siiso wakhti kalidii ah, gaar ahaan marka uu jabiyo mid ka mid ah xeerarka guriga, waxay ka mid tahay hababka habboon ee shaqeeya. Habkan se wuxuu u baahanyahay in kolka hore ilmuhu ogyahay xeerka iyo waxa ka dhalanaya jabintiisa, sidoo kalana aad siiso digniin ah inaad wakhti kalidii ah siinayso haddii uu khaladkaa sameeyo. Sii labo daqiiqo oo uu gooni u fadhiisto, adiga oo aan ku qaylinayn. Waxaa sidoo kale muhiim ah in uu ugu yaraan yahay 3-jir iyo wixii ka wayn oo uu fahmayo waxa uu sameeyay. Laba siyaaboodba ilmaha waad u hagi kartaa kolka aad wakhtiga kalinimada siinayso. Kow, haddii uu cid wax ku dhuftay ama cadhooday oo uu cid maagayo, waxaad ku odhanaysaa orod oo halkaa fadhiiso, soona noqo kolka aad soo xasisho

ee aad is-leedahay naftaada waad xakamayn kartaa. Haddii uu ilmuhu yara roonyahay (5-jir iyo ka wayn) oo uu khalad sameeyo ama uu jabiyo xeer ka mid ah xeerarka guriga, waxaad ku tidhaahdaa orod oo halkaa fadhiiso kana soo feker 2-3 wax oo lagugu ciqaabo. Hadda ciqaabtani ma aha garaacis iyo maagis e waa ciqaab ka dhalanaysa cawaaqibta ficilka khaldan ee uu sameeyay. Wuxuu doono ilmuhu ha kuu la yimaaddo, sida in uu hal lug ku istaago daqiiqad ama ha yidhaahdo hal maalin aybaadkayga ku ma cayaarayo. Muhiimaddu ma aha ciqaabta e waa in uu ka fekero khaladka uu sameeyay oo uu garwaaqsado, sidoo kalana fahmo in ficil wal (samaan iyo xumaanba) ay jiraan cawaaqib ka dhalanaysa.

10. **Joogtayn:** Sidaan meelo kale ku soo xusnayba, edbin bilaa joogtayn ah ma aha edbin. Odhaah baa jirta tidhaahda: Ilmuhu waxay ina ka filanayaan in aan siinno labo arrimood: xeerar haga iyo joogtayn lagu celceliyo. Ilmuhu wuxuu rabaa waalid ilmaha ku yidhaahda wax dhab ka ah kana dhabeeya waxa ay yidhaahdaan sameeya. Haddii ay arkaan ilmuhu hooyada iyo aabbaha oo maalinna xeerarkii guriga ka jiray dhaqangelinaya maalmaha qaarna xeerarkii iyo dhaqankii guriga ka jiray in la jabiyay iyo in kalaba aan war ka hayn, suuragal noqon kari mayso in edbintu saxsanaato oo ay carruurta ilaaliyaan qawaaniinta guriga u yaalla. Edbintu waxay doonaysaa joogtayn iyo dabagal joogto ah, haddii la waayana ilmuhu isagu eedba yeelan maayo, waayo ogaal iyo aqoon buuran u ma laha samaha iyo xumaha. Haddii waalidkii ku ilaalinayay ee toosinayay uu noqdo waalid maalin uun intuu iska jilbooday dabadeedna xeerar iyo qawaaniin meel ku xarxarriiqay oo carruurta ogaysiiyay, dabadeedna uu maalinna ku la boodayo maalinna iska illaawayo, edbintaasu waxay noqonaysaa mid aan

sal-dhigan, hadhowna laga yaabee in aan laga helin natiijadii la doonayay.

11. **Dul-qaad Joogto ah:** ciqaabtu waxay u dhacdaa degdeg, laakiin edbintu waxay qaadataa muddo dheer. Hadafka edbintu waa markuu ilmahaagu waynaado in uu noqdo qof dhaqan wanaagsan. Ma aha degdeg. Waxay qaadataa waqti dheer oo aad wax toosinayso oo aad hogatusaalaynayso. Waa in aad dulqaad u yeelato ubadkaaga, mana dul-qaadan kartid haddaanad wacyigaaga iyo aqoontaada barbaarinta ku saabsan kor u qaadin. Aadanuhu u ma dulqaadan karo wax aanu aqoon sababta ay u dhacayaan. Haddaadan wax ka ogaan marxaladaha ubadka, marxalad wal iyo mashaakisha ay la imaanayso iyo baahiyaha ay leeyihiin, u ma dulqaadan karaysid dhibtooda. Jacaylka, fahanka, maqal-wanaagga, waxbarasho jacaylka, ixtiraamsiinta waalidka, addeecidda, horumarka nafta iyo dhammaan wanaagyada kale ee aad ilmahaaga ka doonayso in ay hadhow yeeshaan waa sida midhaha geedka, geedkaa jiriddiisuna waa sabir iyo dulqaad, dulqaadkaasina ma suuragali karo haddii aanay jirin aqoon iyo wacyi barbaarineed oo halkan ka dhigan xididdada geedkaa waraabinaya. Sidaa daaraaddeed, aqoon u yeelo ilmahaaga, gaar ahaan mid walba iyo baahiyihiisa u goonida ah. Baro marxaladaha ay hadba marayaan iyo mashaakisha ay la imaanayaan. Baadh oo wax ka ogow baayihaha ay marxalad kasta leedahay iyo dhibaatooyinka ka dhalan kara haddaanad baahidaa u buuxin. Aqoontaa iyo wacyigaa aad barbaarinta u yeelato ayaa waxay kuu fududaynaysaa inaad u dulqaadan karto ilmahaaga, dulqaadkaa ka dibna aad guran karto midhaha wanaagsan ee aad doonayso in ay hadhow kuu soo go'aan.

12. **U Ducee ubadkaaga:** Ducadu waa awood iyo hub uu haysto qofka mu'minka ah. Ducadu waxay wax ka baddeshaa qaddarka Alle, SWT. Ducada uu waalidku ilmihiisa u

duceeyo waxay ka daliil tahay in uu jecelyahay ilmihiisa wanaagna la doonayo. Waxay sidoo kale daliil ka tahay in waalidku dedaalayo oo isagoo qabanaya inta kolba awooddiisa ah uu inta kale ee aanu karin la kaashanayo Eebbaha Wayn ee uu kownkoo idili gacantiisa ku jiro. Haddaad Qur'aanka eegto, Ambiyada oo dhan waxay Ilaahay waydiisanayeen in iyaga iyo ubadkoodaba uu hanuuniyo, cadaabtana ka badbaadiyo. Mid ka mid ah ducooyinka Ambiyada waa, "Allow ka yeel xaasaskayaga iyo ubadkayaga kuwo aan ku indho qabowsanno, nagana yeel kuwa ka mid ah hoggaamiyeyaasha mutaqiinta." Ducayso, u ducee xaaskaaga/saygaaga iyo ubadkaagaba oo u bari in uu sugo, hago, oo hanuuniyo adduun iyo aakhiraba. Waayo, si kastoo aad adigu u dedaasho, inta aad kari kartaa way yar tahay kolka loo barbar-dhigo awoodda Alle ee wax walba soo koobtay.

TALOOYINKA CUTUBKA

- Ku baraarugsanow in farqi wayni u dhexeeyo edbinta iyo ciqaabta - edbintu waa tilmaamid iyo toosin, ciqaabtuna se waa ka gayn iyo falcelin ay cadho cadho weheliso. Erayga "edbin" macnahiisu ma ahan garaacis iyo ciqaab, ee waa waxbarais, hagid iyo hogatusaalayn.
- Ka fogow garaacista ilmaha maadaama ay leedahay saamayn taban - waxay bartaa ilmaha gacan-ka-hadalka, waxay keentaa dhaawac maskaxeed iyo nafsiyeed, waxayna sii xumeynaysaa hab-dhaqanka ilmaha halkii ay wax ka kordhin lahayd.
- Dhis qaab-edbin caafimaad qabtaa - ku abuur ilmaha qiyam, u deji xeerar qeexan, ku xidh ganaaxyo ku habboon ficilkiisa, si wacan u dhagayso, sii dhugmadaada, ishaaduna ha qabato ficillada wanaagsan ee uu sameeyo.
- Ubadkaaga u ducee, ilaahay la kaasho dedaalkaagu. Sidii ay ambiyaduba Alle uga durraansan jireen, waydiiso in adiga iyo iyagaba idin hanuuniyo, mu'miniinta hoggaamiyeyaal idiinka dhigo. Waydiiso Alle in uu barbaarinta habboon ku haleeshiiyo, dhabarkana kuu adkeeyo.
- Hadafka edbintu ma aha in ilmuhu maanta ku dhagyso oo kaliya, mana aha aha wax natiijadeeda lagu helo degdeg. Hadafka edbintu waa in ilmuhu marka uu berri nolosha u banboxo uu kala garanayo samaha iyo xumaha, naftiisana uu maamuli karo, taasina waxay u baahan tahay dulqaad, dedaal iyo duco joogto ah.

CUTUBKA 5
QOFKA IYO QALADKA OO AAN LA KALA SAARIN

5.0. QOFKA IYO QALADKA OO AAN LA KALA SAARIN

> Barbaarintu ma aha in aad koriso carruur aan waligood khaldamin. Barbaarintu waa in aad ilmahaaga u noqoto meel nabdoon oo uu yimaaddo marka uu khalad ka dhoco.
>
> **La ma yaqaan (unknow)**

Khaladaadka waawayn ee uu waalidku galo waxaa sidoo kale ka mid ah in aanay marar badan kala saarin ilmaha iyo khaladka uu sameeyay. Waalidku, badi marka uu ilmuhu khalad sameeyo, ma saxaan khaladka e waxay judhiiba ilmaha u la dhaqmaan sidii isagu khaladkii yahay, markaas ayaay ugu yeedhaan erayo taban oo ay shaqsiyaddiisa iyo qofnimadiisa wax uga sheegayaan. Waxaad arkaysaa hooyo ama aabbe ilmihiisu kolka uu khalad sameeyo ku odhanaya erayo taban oo ay ka mid yihiin: "eeyahow!" "Kalab waaxid!" "Sheydaanyahow!" "Doofaar yahay!" "Af-waynyahay!" iwm. Waalidka qaar baa xataa ubadka naclada kolka ay wax khalad ah sameeyaan, oo ilmaha sinjigiisa xataa nacladda gaadhsiiya. Haddana, waxa illaa xadkaa ilmahaa yar loogu xadgudbayaa shaqsiyaddiisa iyo qofnimadiisa, waa khalad yar oo in laga la hadlo uun u baahnaa! Dhaqankaasi ma aha dhaqan barbaariye e waa hab-dhaqan aad u khaladan oo saamayn aan wanaagsanaynna ilmaha ku reeba aayihiisa dambe.

5.1. Maxaa Dhaca Haddii Ilmaha iyo Khaladka uu Sameeyo la kala Saari waayo?

Waalidku hadduu ilmaha iyo khaladka uu sameeyo kala saari waayo oo mar wal oo uu ilmuhu khalad sameeyaba uu ku la boodo ul ama uu ku halgaado erayo aan wanaagsanayn, waxay ubadka u keentaa dhibaatooyin ka waawayn khaladaadkii uu sameeyay. Waxaan wadaagaynaa qaar ka mid ah saamynta taban ee ay keento haddaanu waalidku is-baddel ku samayn habka uu u la macaamilo khaladaadka ay ilmuhu sameeyaan. Waxaana ka mid ah dhibaatooyinkaas:

Isku kalsoonaantiisa oo dhaawacanta: Kolka waalidku uu si joogto ah, isagoo aan ka war hayn, mar walba magacyo xun xun ugu yeedho ilmihiisa markuu khalad sameeyaba, waxay dhaawacdaa sida uu ilmuhu isu arkayo iyo isku kalsoonaantiisa nafeed. Waxay aamminayaan oo si hoose naftooda isu la faqayaan in ay wax ka khaldanyihiin, taasoo hadhow marka ay badato keenta in sawirka uu iska haysto noqdo mid hooseeya oo awooddiisa xataa ku kalsoonaan waayo.

In uu isku-dayga ka baqo: Haddii ilmaha iyo khaladaadkiisa la kala saari waayo, waxay yeeshaan baqdin ay marar badan ka baqaan in ay wajahaan nolosha. Maaddaama ay wiiqantay kalsoonidii ay naftooda iyo awoodohooda ku qabeen, waxaa yaraanaysa in ay sameeyaan isku-day cusub, isagoo ilmuhu ka baqayo in uu khalad sameeyo, taasoo hadhowna keenaysa in ay yaraato korriimadoodii dhanka horumarka shaqsiga ah iyo hal-abuurkoodiiba.

Fursaddiisa wax-korodhisi ayay koobtaa: Marka ilmaha khaladaadka uu sameeyo lagu ceebeeyo ee uu isaguna hadhow ka boqo in uu sameeyo khalad, wuxuu lumiyaa fursad waxbarasho iyo casharro nololeed oo uu khaladaadkiisa ka baran lahaa. Waayo, haddii ilmuhu khaladka uu sameeyo lagu cambaareeyo uun oo waalidku inta ay wakhti ilmahooda la qaataan aanay u sheegin sababta uu khaladkan u xunyahay iyo sida uu wax uga baddeli karo, wuxuu luminayaa fahan dhan oo uu fahmi lahaa xidhiidhka ka dhexeeya khaladaadka iyo cawaaqibta ama waxa ka dhalanaya khaladkaas. Wuxuu waayayaa oo ay adkaanaysaa in ay u samaysanto fursad uu dib uga fekero khaladaadkiisii oo uu wax uga barto. Waxay hoos u dhigtaa awooddiisa mushkilad-xallineed, tiisa wax-dhiraadhirineed iyo adkaysigiisaba.

Waxay bi'isaa cilaaqaadkiisa: Kolka waalidku ama macallinku ilmaha ficilladiisa ku cambaareeyo, ku dhaliilo, ama ku dhalleeceeyo oo uu khaladaadkiisa la xidhiidhiyo shaqsiyaddiisa, waxay keentaa in ilmuhu qalbi ahaan ka fogaado waalidkiisa ama barbaariyihiisa. Waayo, insaanku wuu necebyahay dhaliisha, ceebaynta iyo eray wal oo dareenkiisa dhaawaca. Waxaa laga yaabaa in waalikdu marar badan is-waydiinayo sababta aanu ilmihiisu u maqlayn ee uu ugu amar-diidayo, laakiin ma oga in dhaliishiisii iyo ceebayntiisa badnayd ay xayirtay oo kala fogaysay cilaaqadii isaga iyo barbaariyihiisa ka dhexeysay. Wuxuu sidoo kale luminayaa in uu waalidkiisa ama barbaariyihiisa ka dalbado hagid, caawimo iyo in uu xataa ka dhigto qof uu ku daydo, waayo yaa qof uu ku daydo ka dhigta qof cay badan; qof dhalliil iyo dhalleecayn badan? Cidna!

Ugu dambayn, waa muhiim in waalidka barbaariyaha ahi fahmo in ilmaha iyo khaladka uu sameeyo ay labo kala duwan yihiin. In khaladku dawayn leeyahay iyo sixid, iyadoo aan ilmaha lagu qaylinayn, la garaacayn, la cambaaraynayn, la dhaliilayn oo aan la dhalleecaynayn. Sidoo kale, waa in uu barbaariyihu fahmo in ilmahani yahay qof dhan oo uu Ilaahay karaameeyay oo ah sayidkii kownkan, si walbana uga wayn khaladkan yar ee uu sameeyay. Waxaa mudan in waalidku dareensanaado in ilmahani leeyahay qof aan maskaxdiisu wax kala shaandhayn, weliba toddobada sano ee noloshiisa ugu horraysa. Eray wal oo taban oo aad ku tidhaahdaa maskaxdiisu waxay u macnaysanaysaa si aynnaan garanayn, haddaad doonto adigu dhibba ha uga jeedine.

5.2. Sidee Khaladka loo Daweeyaa Adigoon Ilmahaaga Dhib u Geysan?

In la kala saaro ilmaha iyo khaladka ay sameeyeen oo uu waalidku u la macaamilo khaladka hab wax-dhisid leh, waxay u baahantahay deggannaan iyo hab ay tahay in ilmaha kabahooda la la gashado. Waxaan tilmaamaynaa dhowr tallaabo oo uu waalidku ku kala saari karo khaladka iyo shaqsiyadda ilmaha, sidoo kalana ku dawayn karo khaladka, isaga oo aan ilmaha shaqsiyaddiisa iyo qofnimadiisa dhibaato u gaysanayn.

Tilmaan wanaaggiisa: Inta aadan u tilmaamin khaladkiisa, horta wanaaggiisa tilmaan. U sheeg waxa uu ku fiicanyahay iyo wanaagyada uu sameeyo. Marka aad wanaagyadiisa u sheegto, dabadeed u raaci ficilka uu sameeyay ee aanad jeclaysan. Nabiga, csw, barbaarintiisu sidaas ayay ahayd.

Siirada Nabiga, NNK, haddii aad u fiirfiirsatid iyo sidii uu u la macaamili jiray khaladaadka, waxaad arkaysaa isagoo siyaabo badan Saxaabada u ammaanaya, isagoo isla jeerkaasna u raacinaya waxa haddii ay iska dayn lahaayeen ay sii wanaagsanaan lahaayeen. Tusaale, Nabigu wuxu rabaa in uu Cabdullaahi Ibn Subeer u tilmaamo in uu Salaatu Laylka tukado, markaas ayuu odhanayaa, "Cabdullaahi waa nin wanaagsan, haddii uu Salaatul Laylka tukan lahaa uun." Waxaad mooddaa in Nabigu, csw, leeyahay, haddii uu tukan lahaa Salaatu Laylkana wuu sii wanaagsanaan lahaa.

Sideedaba, kolka aad qofka doonayso in aad khalad uu galay u sheegto, marka jumladda ugu horraysaba ay afkaaga ka soo baxdo ay noqoto naqdin, qofku waxa uu galaa xaalad is-difaac oo wuxuu ka fekeraa sidii uu u cudur-daaran lahaa ama marmarsiyo u la imaan lahaa. Maankiisu wuu ka xidhanyahay in uu warkaaga qalbiga u furo oo aanu u qaadan wax aad isaga ku durayso. Laakiin kolka aad ku hormarto wanaaggiisa ee aad qalbigiisa furatid, waxay u badantahay in warkaagana uu weeleeyo. Hadafku waa weelaynta ee ma aha in aad khalad uun sheegto. Muhiimaddu waa in ay wax isbeddelaan. Sidaa daraaddeed, xikmaddu waxay ku jirtaa in aad kolka hore qofka qalbigiisa furatid, dabadeedna aad u sheegto waxa aad u shegayso, adigoo si nugayl iyo naxariisi ka muuqato u hogatusaalaynaya.

Diiradda saar khaladka e ha saarin shaqsiyaddiisa: Kolka aad doonayso in aad ilmahaaga ka la hadasho khalad uu sameeyay, xoogga saar ficilka iyo hab-dhaqanka silloon ee u baahan in wax laga baddelo. Ha ceebayn oo ha dhalleecayn shaqsiyaddiisa iyo qofnimadiisa. Aad bay u fududdahay in aad ceebayso oo aad dhalleeceyso, laakiin waxaan fududayn se wanaagsan in aad khaladka la saxo.

Si hogatus leh uga falceli ficilkiisa: Intaad khaladka diiradda saarto u sharrax oo fahansii in ficilka uu sameeyay yahay mid laga habboonyahay, sababta looga habboonyahay iyo weliba wax uu ku baddeli karo. Sidoo kale, way fududdahay in aad khaladka uun tilmaanto, laakiin waxa habboon, maaddama cidda aad la macaamilayso uu ilmo yar yahay, in aad u sharraxdo ficilka uu sameeyay sababta uu xunyahay iyo cawaaqibta ka dhalan karta. Ku caawi oo ku dhiirrageli in uu ka fekero khaladaadkiisa, sidoo kalana uu fahmo saamaynta ficilkiisu ku yeelan karo naftiisa iyo dadka kalaba.

Hormuud ugu noqo qiraalka iyo wax-ka-barashada khaladka: Kolka aad ku khaldanto, hormuud iyo ku-dayasho ugu noqo in aad ka xuntahay khaladkaaga, sidoo kalana aad qaadato mas'uuliyadda. Tus in khaladku dhaco, laakiin la saxo. Dhaqankeenna ma aha mid waalidku qirto in uu khalad sameeyay e waxaaba la yidhaahdaa "La ma canaantihii baa caanihii daadshay." Waxaad mooddaa khaladka in uun laga la xisaabtamo carruurta oo aanay waalidku iyagu caawaaqib ka dhalata lahayn khaladka ay sameeyaan. Waalidku isagaa hormuud iyo tusaale u ah ubadka oo ay ku dayanayaan. Haddii waalidku khaladkiisa ka garaabo, in uu cashar ka baranayana ilmaha u sheego, ilmuhuna wax buu ka baranayaa oo wuxuu wax uga baranayaa si ka saamayn badan kan uu isagu sameeyay.

Abuur bay'ad uu khaladkiisa kaala hadli karo: Ugu dambayn, u abuur ilmahaaga bii'o uu kaaga la hadli karo khaladaadkiisa, si uu ugu soo dhiirran karo in uu sifuran kuugu sheego khaladka uu sameeyay isagoo aan ka baqayn canaan iyo ciqaab toona. Dhegayso oo dhegta u raarici. U sheeg in aad diyaar u la tahay in aad ka caawinayso, hadduu u baahdo. In uu ilmahaagu kaala hadli karo khaladaadkiisa isagoo aan ka baqayn maagis, waxay abuurtaa kalsooni iyo in ay cilaaqo wanaagsan idin ka dhexeyso. Adigana waxay kuu tahay fursad aad ku sixi kartid oo ku hogatusaalayn kartid. Haddii se aad canaan judhiiba ka la hor tagtid oo aad noqotid waalid qaylo badan, cidina kuu soo badheedhi mayso, wax badan oo aad ilmaha inta uu yaryahay ka sixi kari lahaydna laguu la imaan maayo. Qaylada iyo ku cadho-bururka ilmaha kolka ay khalad sameeyaan, ma barto in aanay khaladka mar kale ku celin e waxay bartaa in ay qarsadaan khaladka ay sameeyaan.

TALOOYINKA CUTUBKA

- Kala saar ilmaha iyo khaladka - baadh dhaqanka iyo falka khaldan ee ilmuhuu sameeyay halkii aad qofnimada ilmaha dhaliili lahayd, ha u yeedhin "doofaar", "eey", "af-wayn" iwm. markuu khalad sameeyo.
- Imaha iyo khaladka oo aan la kala saarini, waxay keentaa samaaynno taban oo naf ahaan wax u gaysta. - waxay wiiqdaa ilmaha kalsooniisa, waxay xumaysaa sawrika uu nafiisa ka haysto, waxay hallaysaa cilaaqada ilmaha iyo waalidkiisa ka dhexeeya, sidoo kalana waxay hor istaagtaa wax isku daygiisa.
- Si wax-dhisid leh u sax khaladaadkiisa - marka hore tilmaan wanaagga ilmaha, ka dib u sheeg hab-dhaqanka khaldan ee u baahan sixidda, si habboon ugu sharax sababta uu hab-dhaqankaasi u khaldan yahay iyo waxa aad uga baahan tahay in uu iska baddelo.
- Tusaale wanaagsan u noqo - qiro khaladaadkaaga, u muuji inaad adigu laftaadu aadane tahay oo uu khalad kaa dhaco, laakiin aad saxdid oo aad wax ka baratid.
- Abuur jawi nabdoon oo ilmuhu ku sheegi karo khaladka ka dhaca - dhis bay'ad aammin ah oo ilmuhu kugu kalsoonaan karo inuu yimaaddo markuu khalad ka dhoco, isagoo aan ka baqayn xukun, maagid iyo ciqaab toona.

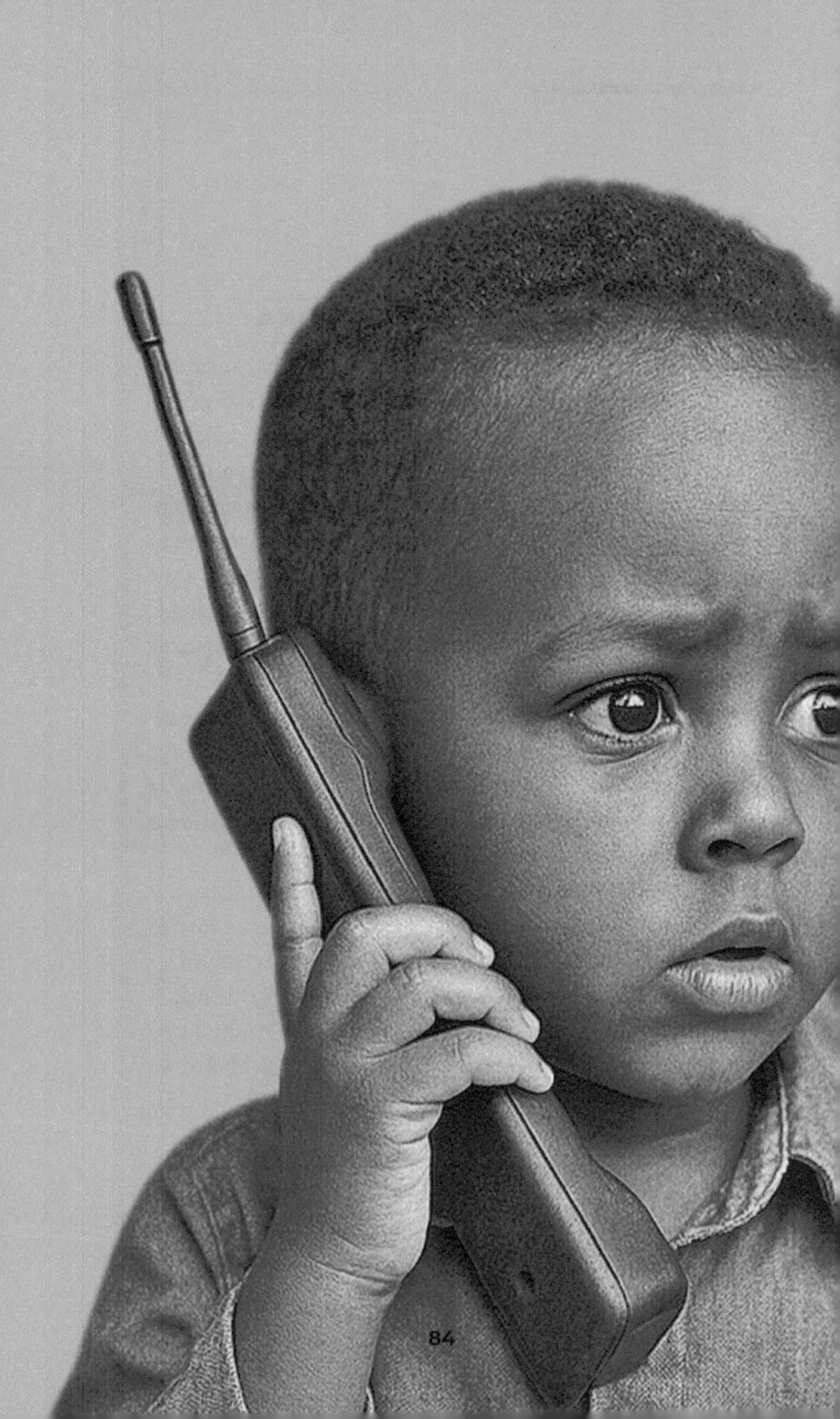

CUTUBKA 6
HADAL IYO HAB-DHAQAN IS-KHILAAFSAN

6.0. HADAL IYO HAB-DHAQAN IS-KHILAAFSAN

> Ku-dayasho iyo tusaale u noqoshada ubadku waa mas'uuliyadda ugu aasaasisan ee uu waalidku guto. Waayo, waalidku waxay ubadkooda u dhiibayaan oo ay gacanta u gelinayaan diiwaankii qoraal ee nolosha. Diiwaan nololeed oo ay u badantahay in ay dabbaqaan inta noloshooda ka dhimman.
>
> **Istiifan Koofi**

> Ilmahaagu adiguu ku noqonayaaye noqo cidda aad jeceshahay in ilmahaagu noqdo.
>
> **Mubarak Hadi**

Ubadku waa muraayad uu waalidku iska daawan karo. Hadduu in uun waalidku muraayaddaa u fiirsado, wuxuu ka dhex arki karayaa hab-dhaqankiisa san iyo kiisa silloon, labadaba. Malahayga, qaaciddadaasuu ku baraarugsanaa xakiimkii waalidka la dardaarmee yidhi, "Ha ka welwelin in ilmuhu ku maqli waayo, ka welwel in uu mar walba ku daawanaayo.

6.1. Muhiimadda ay leedahay in aad Ilmahaaga Kudayasho Wanaagsan u Noqoto

Ku-dayasho u-noqoshada ubadku waa mid ka mid ah qawaacidda iyo tiirarka waawayn ee udub-dhexaadka u ah barbaarinta wanaagsan. Sidoo kale, khaladaadka ugu waawayn ee uu waalidku barbaarinta ka galo waa in aanu is-waafajin hadalkiisa iyo waxa uu samaynayo; in aanu is-waafajin taladiisa iyo ficilkiisa. Waalidku waa ku-dayashada iyo tusaalaha ugu wayn ee uu ilmuhu ku daydo. Odhaah wal, dhaqaaq kasta, iyo ficil wal oo uu waalidku sameeyo waxay saamayn ku yeelataa ilmaha yar.

Noolohu, waa qudwo ku-nool u baahan cid uu ku daydo. Weli ma is-waydiisay, boqollaalka eray ee ilmuhu ku hadlo marka uu saddex jir gaadho halka uu ka keenay? Ma eray eray baa waalidku ilmaha u baraa erayadaa? May u ma baro. Sidoo kale ma is-waydiisay kumanaanka fal iyo ficil ee uu ilmuhu sameeyo, ee isugu jira aan qaar aan u riyaaqno iyo kuwo aan ku canaanno xagga ay ka keeneen? Ma waalidka mid mid u baray intuu meel la fadhiistay? May, muu barin, haddana isagaa wada baray. Haa, intuu meel la fadhiistay sidii ardaygii iyo macallinkii, muu barin kummanaankaa ficil ee uu ilmuhu samaynayo, laakiin ilmuhu wuxu ka bartay hab-dhaqanka waalidkiisa.

Nimaanu saaxiibbo nahay, baa iiga sheekeeyay sheeko cashar wayn mowduucan looga qaadan karo. Wuxu yidhi, nimaan saaxiibbo nahay oo Bakistaani ah oo aan ka wada shaqayn jirnay shirkadda diyaaradaha samaysa ee Boein, baa wuxu igu yidhi, waxaan haysannay bisad dheddig ah, waxa lugta kaga dhacay kansar oo cusbatalkaan geynay, dabadeedna waxa laga jaray lugtii si aanu kansarku ugu sii faafin jidhkeeda. Muddo yar ka dib, waxaan soo iibsannay bisad kale oo yar. Bisadda yari, waxay bisadda wayn ee lugta go'an la noolayd 10 sano. Wuxu yidhi, Cabdinaasirow, ma iga rumaysanaysaa, bisaddan yari, 10 kaa sano ee ay la noolayd bisaddaa wayn in aanay geed korin, kursi ku boodin, miisna fuulin! Sababtuna wax kale ma aha, bisaddan yari may arag bisadda wayn oo geed koraysa ama miis fuulaysa. Maaddaama aanay bisaddu arag mukulaashii waynayd oo geed koraysa ama miis fuulaysa, may suuraysan ba in ay geed kori karto, miis ama kursi fuuli karto. Saw cajiib ma maha!

Ustaad Cabdinaasir waa shaqsi sheekooyinka ku dul-fekera, isla jeerkaasna waxa uu korodhsado nolashiisa ku eeg eega. Wuxu igu yidhi, Mubaragow, ninkii Bakistaaniga ahaa kolkuu sheekadii iiga sheekeeyay, waxaan u fiirsaday naftayda, waxaan ogaaday buu yidhi waxyaabo aanan horay isku waydiin oo aan aabbahay kaga dayday. Wuxu yidhi, waxaan inta badan u fadhiista hab doonyaysiga oo kale ah, oo inta badan u ma fadhiisto habka murabbaca ah ee ay carruurta dugsiyada u fadhiistaan. Waxaan ogaaday buu yidhi, in aabbahay uu u fadhiisan jiray habkaa aan hadda u fadhiisto, oo aan waligay arag aabbe oo u fadhiya hab murabbac ah.

Waxaan sidoo kale ogaaday buu yidhi, in akhris jacaylka aan ka keenay aabbahay oo tan iyo intii aan garaadsaday aan arkayay aabbahay oo wax akhrinaya. Isla sheekadaa kolkii uu ka sheekaynay, ayaa waxaan xasuusasanay, Sh Cali Dandaawi oo ah mid ka mid ah ducaaddii ugu waawaynayd qarnigii tagay, ayaa maalin la waydiiyay inta saacadood ee uu wax akhriyo. Wuxu yidhi, tan iyo intii aan soo garaadsaday, celcelis ahaan maalintii waxaan wax akhriyaa 7 saacadood illaa 8 saacadood. Isna wuxu sheegay in tan iyo yaraantiisii uu arki jiray aabbihii oo ay kutub fara badani hareer yaallaan oo wax akhrinaya.

Sidaa waxyaabaha wanaagsan uu ilmuhu waalidkiisa ugu dayanayo, ayaa waxa is waydiin mudan, ayna tahay in waalidku is waydiiyo, immiso wax oo aan wanaagsanayn oo aad samaynayso, ayuu ilmahaagu kaa baranayaa isagoon u qasdin. Immiso wax oo wanaagsan oo aanad maanta samaynayn, oo uu ilmahaagu kaaga dayan lahaa ayaa jira oo maaddama aanad samayn, ilmahaaguna uu ka qatan yahay?

مَشَى الطاووسُ يوماً باعْوِجاجٍ
فقلدَ شكلَ مشيتِهِ بنوهُ

فقالَ علامَ تختالونَ؟ قالوا:
بدأتَ به ونحنُ مقلّدوهُ

أمَا تدري أبانا كلُّ فرعٍ
يجاري بالخُطى من أدبوه؟

وينشأُ ناشئُ الفتيانِ منا
على ما كان عوّدَه أبوه

Da'uus baa maalin u socday si is-qalqalloocin iyo is-qaad-qaad leh

Carruurtiisii baa dabadeedna u socday sidii uu isu qalqalloocinayay

Wuxu yidhi, maxaad carruuryahay is-la qalqalloocinaysaan?

Waxay yidhaahdeen, adigaa billaabay, annaguna waan ku dhaandhaanjinaynaa uun.

Aabboow! Miyaadan ogayn in laan waliba ay raacdo tallaabada jiraheeda

Carruurtan aan nahayna, wuxuun bay ku barbaaraan wixii ay waalidkood bareen.

Maaddaama ilmuhu wax walba innagaga dayanayaan, waalidka xakiimka ah ee murabbiga, wuxu ku baraarugsan yahay oo isku dayaa in uu ka tago waxyaabo badan oo caadi ah oo samayn jiray si uu qudwo iyo tusaale ugu noqdo carruurta ku xeeran. Imaam al-Awsaacii baa wuxu odhan jiray:

"كنا نمزح ونضحك فلما صرنا يقتدى بنا , خشيتُ ألا يسعنا التبسم." — البداية والنهاية

"Bariigii hore, waannu iska kaftami jirnay oo iska qosli jirnay, markii se aan aragnay inaan tusaale iyo hormuud noqonnay, waxaan xataa ka baqnay inaan doollacaddayno."
[al-Bidaayah wa'l Nihaaya]

6.2. Waxyaabaha ay Tahay in aan Carruurteenna Hormuud ugu Noqonno

Cibaadada, yaqiinta iyo dhowrsoonaanta: Waxyaabaha ay tahay in aan ubadka qudwo ugu noqonno waxa ka mid ah illaalinta iyo wanaajinta acmaasha wanaagsan sida salaadda, saddaqada, soonka, sunnooyinka iyo nawaafisha. Waa inaad ilmahaaga hormuud ugu noqotid dhowrsanida, Alle ka baqa iyo xalaal-miiradnimada. Haddii aad intaba fartid oo aanad adigu hormuud ay ka bartaan, kagana daydaan aadan noqon, yaraanta ku ma helayaan cid tusaale ugu noqota oo ay kaga daydaan. Haddaad doonayso in ay carruurtaadu diinta jeclaato, adiga ha kaa arkaan jacaylkaa. Haddaad doonayso in ay salaadda oogaan, oo qur'aanka akhriyaan, oo saddaqada bixiyaan, oo ay xalaasha raacdeeyan oo ay xaaraanta ka cararaan, adigu intaba hormuud ugu noqo.

Akhlaaqda iyo xidhiidhka wanaagsan: Qaybaha kale ee nololeed ee ay tahay inaad ilmaha hormuud ugu noqotid waa akhlaaq wanaagga iyo xidhiidhka wanaagsan. Ilmuhu, dugsiga akhlaaqeed, ee ugu horreeya, ee uu ka baxayo waa midka barbaariyeyaashiisa. Ilmuhu idinkuu idin ka baranayaa sida dadka loo la macaamilo, sida xidhiidhka loo samaysto, sida xudduudda loo samaysto, sida dadka loo la hadlo iyo sidaan loo la hadlinba. Wuxu waalidka ka bartaa sida loo cudurdaarto, sida eedda loo sheegto, sida loo hambalyeeyo, sida khilaafka loo xalliyo iyo sida loo noqdo qofka isku kalsoon oo aadanaha cilaaqo dheellitiran la yeesha. Intan inaha la midka ah ba, ilmuhu idinkuu idnka baranayaa.

Shaqsiyad wanaagga iyo qaayasoorka: Ilmuhu wuxu sidoo kale waalidkiisa ka bartaa oo ay tahay in ay dhaqankeeda yeeshaan shaqsiyad wanaagga iyo la noolaanshaha. qiyamta wanaagsan. Daacadnimada, run-sheegga iyo hufnaanta, ilmaha waalidka ayay ka bartaan. Naxariista iyo dad dareemidda waalidkay ka bartaan. Ixtiraamka iyo qaddarrinta dadka, ilmuhu gurigu ka bartaa. In uu noqdo qof mas'uul ah oo qaada mas'uuliyadda ficilladiisa iyo go'aammadiisa, ilmuhu aabbihii iyo hooyadii buu ka eegtaa. Waa waxa la baro, ee lagu tarbiyeeyo hab-dhaqanka uu hadhow ku waynaanayo.

Xirfadaha aasaasiga ah ee nolosha: Ilmuhu wuxu sidoo kale waalidka ka bartaa xirfadaha nolosha (soft skills) sida: mushkilad xallinta, go'aan gaadhista, maaraynta waqtiga, adkaysiga iyo xirfadaha la midka ah. Ilmuhu waa kaamarad kugu xidhan, noloshiisa ku xidhan in uu barto siduu nolosha u la fal-geli lahaa. Sidaa daraadeed, ficil wal oo aad samaynayso, isagu waa ceel iyo dar uu wax ka qaato. Wuxu kaa eeganayaa sidaad dadka u la hadlayso, sidaad go'aanka u gaadhayso, sidaad cadhadaada u maaraynayso, sidaad karkabada (stress) isaga maaraynayso, sidaad mushkilaadka nolosha u xalillayso, iyo sidaad lacagta u la dhaqmayso. Xirfadahaa nololeed iyo kuwo kalaba wuu kaa baranayaa, oo waxay tahay inaad ku baraarugsanaato oo aanad isaga dhex nolol-dhaqmin.

Caadooyinka iyo qaab-nololeedka: Ugu dambayn waxaan tilmaamaynaa caadooyinka uu waalidku leeyahay iyo qaab-nololeedka waalidka oo iyagana ah ceelasha waawayn ee uu ilmuhu ka cabbo inta uu waalidkiisa la nool yahay. Waxaa jira caadooyin badan oo xun xun oo uu waalidku leeyahay oo ay tahay, xumaha ay naftiisa u leedahay marka laga soo tago, in uu carruurtiisa dartooda uu isaga jaro ama uu ugu yaraan iska ilaaliyo in uu hortooda ku muujiyo. Caadooyinkaa maxaa ka mid ah? Waxa ka mid ah: Beenta, balwadda, xanta, calaacalka, eedaynta, qaylada, cunfiga, cayda, ceebaynta, is-barbar-dhigga, dhagaysi la'aanta, cibaado la'aanta, beel-darrada iyo go'aan xumada.

Waxaa sidoo kale ka mid ah, isticmaalka badan ee baraha bulshada, TV-ga, naf-daryeel la'aanta, cibaado la'aanta, degganaan la'aanta, kala daadsanaanta, is-dirid la'aanta iyo xudduud la'aanta aad wax walba "haa" leedahay. Waxaa sidoo kale jira caadooyin wanaagsan oo ay tahay inaad xoojiso haddaad leedahay, haddii aadan lahaynna aad naftaada iyo ubadkaaga dartood aad u samaysato. Caadooyinkaa wanaagsan waxa ka mid ah: Qur'aan akhriska, wax is-bariidda, korriimada, naf-daryeelka, run-sheegidda, ballan-oofinta, adkaysiga, kaadsiimada, jimicsiga, seexashada goor hore, maaraynta waqiga iyo dhammaan caadooyinka xun xun ee aan kor ku soo xusnay cagsigooda wanaagsan.

Caadooyinka iyo qaab-nololeedka waalidku, waa buugga ugu wayn ee ay carruurtu akhrisanayaan iyo muuqaalka ugu saamaynta badan ee ay daawanayaan inta ay nool yihiin. Sidaa daraaddeed, is-jir, is ilaali, tusaale, wanaagsan u noqo carruurtaada. Waxan waalidka ku idhaahdaa, ha ka walwalin in ilmahaagu ku maqli waayo, ka walwal in ay kaamaradi dushaada ugu xidhan tahay oo ay intaa ku daawanayaan.

TALOOYINKA CUTUBKA

- Ku baraarugsanow in carruurtu ay ku dayato ficilladaada in ka badan hadalkaaga - ilmuhu wax walba oo aad sameyso wuu kaa eegtaa, ka bartaa oo ku daydaa, sidaa darteed noqo tusaale wanaagsan.
- Haka walwalin in ilmahaagu ku maqli waayo, laakiin ka walwal in ay kaamaradi ugu xidhan tahay dushaada, oo uu samaynayo wax wal oo aad fasho.
- Carruurtu, waxay kaa baranayaan sida loo cudurdaarto, sidaad cadhada isaga maarayso, sidaad dadka ula dhaqanto, sida dadka loola hadlo, sidaad go'aanka u gaadho, sidaad khilaafka u xalliso, sidaad stress ka isaga maarayso, xitaa waxay og yihiin oo ay kaa baranayaan sida aad Rabbigaaga cilaaqo u leedahay ee aad ugu kalsoon tahay.
- Qudwo ugu noqo carruurta cibaadada - haddaad doonayso in ilmahaagu diinta jeclaado, salaada si wacan u oog, qur'aanka akhri, adigu horseed ugu noqo oo ha kaa arkaan jacaylka iyo qiimaha aad u hayso.
- Iska goo caadooyinka xun xun - ka fogow dhaqannada aan fiicnayn sida: beenta, xanta, qaylada, cayda, ceebaynta, eedaynta, dhagaysi la'aanta iyo xudduud la'aanta, intaa cagsigeedana samee oo abuuro caadooyin iyo hab-dhaqan wanaagsan oo aad jeclaan lahayd in ubadkaaguna yeeshaan.

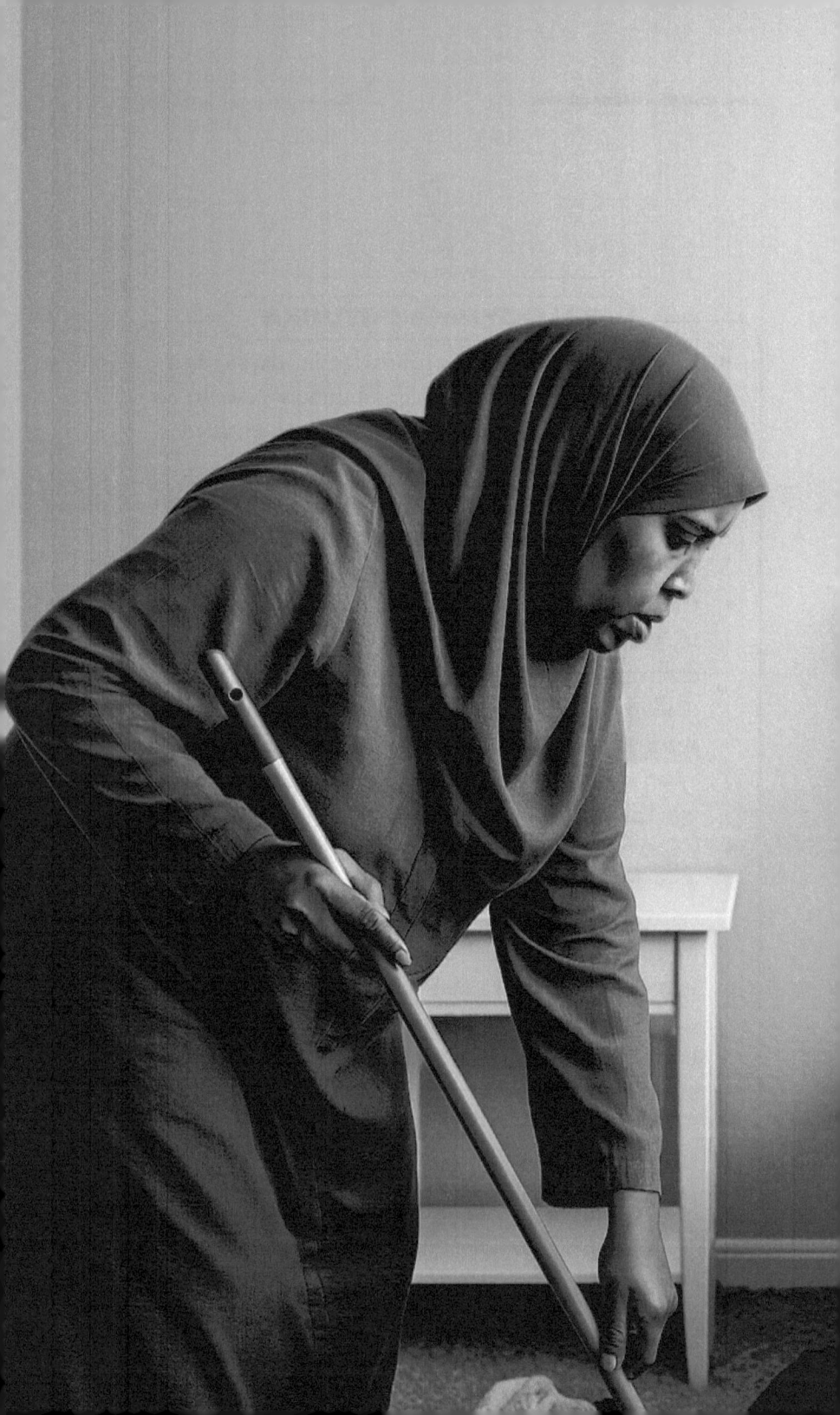

CUTUBKA 7
NOOLAYN MISE CURYAAMIN?

7.0. NOOLAYN MISE CURYAAMIN?

> **"**
> Hadday gacantu hoo barato iyo hadiyad loo keeno
> Hiigsan mayso hawlaha adduun hanasha-doodiiye
> Habsaan baa ku dhaca ruux hadduu gabo halkiisiiye.
>
> **Nuurádiin Buryar**

In badan oo waalidka ka mid ah, waxay aad isugu hawlaan in ay carruurtooda wax wal u qabtaan oo ay nooleeyaan, waxay se illaawaan, muhiimaddu in aanay ahayn in ilmaha wax wal loo qabto, ee ay tahay in la baro sidii ay iyagu u noolaan lahaayeen ee ay berri ka maalin wax u qabsan lahaayeen. Nooc-barbaarinta ku salaysan in ilmaha wax walba loo qabto, wax ay tarto iska daaye, waxay keensataa in ay xataa carruurta curyaamiso, oo uu wax walba waalidkii ka sugo. Waxa aan intaa arkaa, waalid badan oo intaa ka cabanaya, oo leh wiilkayga muraahaqa ah (teenage) isma dirayo in aan la hadlo mooyee. Kolka aan wax ka waydiiyo sida ay u soo barbaariyeenna, waxaa ii soo baxda in waalidku, ilmahaa wax walba u qaban jiray yaraantiisii oo dhan. Marka aad ilmahaaga wax wal u soo qabanaysay 3 jirkiisii illaa iyo 10 jirkiisii, sidee baad uga filan kartaa in kolka uu 12 jir ama 14 jir noqdo uu iskii isu diro? Waayo waxa uu qabatimay in wax kasta loo qabto. Ilmuhu, cirka ka la ma yimaaddo is-diridda iyo mas'uuliyad qaadidda, gurigooda ayuu ka bartaa, hooyadii iyo aabbihii baa bara sida la isku diro ee mas'uulka loo noqdo.

7.1. Maxaa Keena in Ilmuhu Is-diri Waayo oo uu Mas'uuliyad-qaad Noqon Waayo?

Ilmuhu wuxu is-diridda iyo mas'uuliyadda ku bartaa hal sano iyo badh marka uu jiro. Marka uu sanad iyo badh jiro, isagoon ba weli baran sida loo hadlo, ayuu isku dayaa in uu is-diro oo shay aad ka fekerayso ama raadinayso kuu soo qabto. Gabadhayda Maa'idda, Raxmaanku ha barakeeyee, waa sanad iyo 7 bilood xilligan aan cutubkan qorayo. Kolka ay aragto inaan doonayo inaan dibadda u boxo, waxaan arkaa iyadoo dhankii irridda u sii socata oo kabahaygii iisoo qaadaysa oo misna furihii gaadhiga ii raadinaysa. Kaligeed ma aha, in uun haddaad carruurta u fiirsato, waxaad arkaysaa in uu Alle fitro ahaan ugu abuuray awoodo badan oo ay is-diridda iyo mas'uuliyaddu ka mid yihiin. Laakiin, mushkiladdu waxa weeye, badi guriga ay ku nool yihiin baa awooddoodaas laga burburiyaa oo laga curyaamiyaa. Waxaa ilmaha curyaamiya dhowr nooc oo waalidka ka mid ah:

Hooyo iyo aabbe diktaatoori ah: Waalidka diktaytarka ahi, waa kuwo doonaya in ay wax walba ilmaha u qabtaan, waxayna waalidka noocan ahi leeyihiin saddex calaamadood oo kala ah:

1. Waa waalid raba in ay tooda uun socota oo aan ilmaha u ogalaan in ay aragti yeeshaan. Waalid doonaya in ay wax walba ilmaha u dooraan oo aan u ogalaan in ay iyagu wax doortaan.
2. Hooyo iyo aabbo doonaya in ay arrin walba oo ilmahooda quseeya gacanta la galaan. Wax wal oo wayn ama yar, waxay rabaan in ay gamcaha la galaan, xataa nooca dharka ah ee ay ilmahooda xidhanayaan iyo barkintooda ay ku seexanayaan dhanka ay u jeedinayaan.
3. Hooyo iyo aabbo aan ilmahooda kalsooni ku qabin oo aan ilmahooda jikada ku aamini karin, lacag ku aamini karin, shay yar in uu meheradda guriga ku dhaggan ku aamini karin oo hadduu koob xataa u dhiibto aan kalsooni ku qabin.

Hooyo iyo aabbe daayac ah: Nooca labaad ee fitradaa ilmahu yaraanta ku yeeshay curyaamiya, ee aan korin, waxa weeye hooyo iyo aabbo aan ilmahoodaba war u hayn. Waa waalid ilmahooda mid ahaan ama gebi ahaan ba daycay oo aan iyaguba mas'uuliyiin ahayn. Waa hooyo iyo aabbe cudur-daar badan oo wax wal oo noloshooda ka dhacaya cid kale uun ku eedaya oo intaa calaacalaya. Waa waalid iyaguba aan waajibaadkooda isku dirayn oo cid kale wax ka sugaya, ilmahoodana filaya in ay cid kale u islaaxinayso. Waalidka noocaasi ah, ma aha waalid soo saari kara ilme mas'uul ah. Waalidka Murabbiga ah, ee isagu mas'uulka ah, ee ilmihiisa tusaalaha wanaagsan u ah, ee misna tawjiihiya ee tababbara, ayaa sameeya oo soo saara ilme mas'uul ah.

7.2. Muhiimadda ay Mas'uuliyad-qaadnimadu u leedahay Ubadka

Sidaan kor ku soo tilmaannay, ilmuhu, mas'uuliyadda waa la dhashaa oo fitro ahaan bay ugu abuuran tahay in uu is-diro. Waayo, Ilaahay SWT, ilmahan yari waxa uu ugu tala-galay in uu noqdo hoggaamiyihii iyo sayidkii kownkan, misna cammiro. Sidaa daraaddeed, si fitri ah bay ilmaha ugu abuuran tahay. Muhiimaddu se waa maxay, waa in fitradaa Rabbaaniga ah ilmaha lagu awood-siiyo, loo sii soofeeyo oo inta uu yar ya-hay loo dhiibo mas'uuliyado la ayni ah, oo uu ku tababbaran karo. Gurigu waa garoonka iyo jiimka uu ilmuhu ugu cafaa-riigsanayo/diyaargaroobayo nolosha hawlaha badan ee sugay-sa kolka uu waynaado. Sidaa daraaddeed, in ilmuhu guriga ku helo barbaariye tababbara oo u madax banneeya hawlihiisa, iyo go'aamadiisa waa muhiim si uu ilmuhu u noqdo qof isku filan. Faa'iidooyinka uu ilmuhu ka dhaxlayo kolka mas'uuliyadda iyo madaxbannaanida yaraanta lagu baro waxa ka mid ah:

Kalsoonidiisay kor u qaaddaa: Marka ilmuhu lagu tababa-ro ee lagu awood siiyo in uu kalidii hawlihiisa qabsan karo, wuxu arkayaa in uu awood u leeyahay in uu iskii wax u qabsan karo. Sawirkaa uu naftiisa ka qaatay ee ah in uu wax qabsan karo, ayaa hadhow quwaynaya kalsoonida naftiisa iyo sida uu u arkayo awooddiisaba. Is-diridda iyo kali wax qabashadu, wax-ay ka mid tahay daaqadaha waawayn ee qofka awooddiisa tusa, kolka ku hawl-galana, sawir qurux badan ka siisa awooddiisa iyo karaankiisa.

Waxay sare u qaadaysaa xirfaddiisa mushkilad-xillineed: Marka uu ilmuhu kalidii hawl isku dayo qabashadeeda, waxa ay u badan tahay in ay ka hor timaaddo caqabado xallin u baa-han. Caqabadahaa uu isku dayayo in ay xal u helo, ayaa waxa ay barayaan in uu ogaal iyo awood u yeesho in uu isku dayo in uu furfuri karo mushkiladaha hadba la awoodda ah oo uu u raadin karo xuluul hal-abuur leh.

Waxay baraysaa adkaysiga: In ilmuhu mararka qaar kaligii wax qabto oo hawl loo diro, waxay siisaa waayo-aragnimo. Waxay bartaa in uu wax wajihi karo, bartana sidii uu u la tacaali lahaa jahwareerrada iyo caqabadaha ka hor imaanaya. Waxay ku bartaan adkaysiga, kuna ogaadaan in khaladaadku ka mid yihiin hannaanka waxbarasho ee nolosha.

Waxay xoojisaa awooddiisa go'aan-gaadhis: Ilmuhu marka uu waalidku u ogalaado in uu kalidii isku tiirsanaado, oo uu kaligii gaadho go'aamadiisa (kuwa yar yar iyo kuwa waawayn), waxay xoojisaa awooddiisa doorasho iyo xirfaddiisa go'aan qaadasho. Wuxu bartaa muhiimadda ay leedahahay go'aammada uu gaarayo. Waxa uu fahan u yeeshaa cawaaqibta ka dhalanaya ficilladiisa.

Waxay xoojisaa is-dhiirrigelintiisa: Marka ilmaha loo madax banneeyo go'aamadiisa, ee uu barto sidii uu doonistiisa u hawlgelin lahaa, ahdaafna u dejisan lahaa, waxaa xoogaysta dhiiragelintiisa gudeed. Ilmuhu, haddaanu helin madaxbannaani, wuxuun bay noqonaysaa in uu waalidkii uun wax walba ka sugo in ay u diraan. Waxay noqonaysaa in uu iyaga ka sugo in ay yidhaahdaan wax akhriso, salaadda tuko, gogoashaada soo hagaajiso, sidaa iyo sidaa yeel.

Waxaa dhisma maan-xidhkiisa korriimo (growth mindset): Maxaan uga jeednaa maan-xidhkiisa korriimo? Kolka ay dadku waawaynaadaan, qaar waxay yeeshaan maan-xidh Xaddidan oo ah in ay u arkaan in awoodohooda iyo xirfadahooduba ay xaddidan yihiin oo aanay kordhin karin. Qaar kalana waxa ay yeeshaan maan-xidh korriimo oo ah in ay aaminaan in aanay awooddooda iyo xirfadahooda aanay ku xaddidnayn abuur ahaane, ay u baahan yihiin in ay kobciyaan. Marka waxa ay aaminsan yihiin, hadba waxa ay ku liitaan, hadday xirfad tahay, hadday awood tahay iyo hadday hab-dhaqan tahay ba, in ay kor u qaadi karaan oo ay kori karaan. Haddaba, ilmuhu kolka uu yaraan ku helo xirriyad uu isku diro, oo loo madax banneeyo in uu kalidii wax qabsan karo, wuxu la kacaamaa maan-xidh korriimo. Waayo, ilmuhu marka uu yar yahay ku ma xidh-xidh-na xadhakaha iyo silsiladaha waawayn ee uu qofku marka uu waynaado isku xidh-xidho. Qofku kolka uu waynaado, waxa ku xidh-xidhma xadhko ay ka mid yihiin: da' wax lagu barto ma joogo, wakhti baa iga tagay, dadku waa i la yaabaan iyo in ay ka baqaan in ay wax ku guul-darraystaan.

Waxay u diyaarinaysaa nolosha waynida: Guud ahaanba, kolka uu ilmuhu yaraan ku barto in uu isku tiirsanaado, oo lagu tababaro in uu kalidii wax qabsado, waa mar kasta oo u di-yaargaroobayo noloshiisa dambe. Waa mar kasta oo uu awood u yeelanayo in uu hadhow noqdo qof madax bannaan oo aan noloshiisa cidna u daba fadhiisan, waxa ku dhacayana aan cid ku eedaynne, mas'uuliyadda naftiisa qaada.

7.3. Hababka Aad Ilmahaaga ku Bari karto Mas'uuliyadda

Wax Kasta ha u Qaban Ilmahaaga: Marar badan waalid-ku wuxu rabaa in uu wax kasta ilmihiisa u qabto. Iyagu hawla-hooda ha qabsadaan. Waan ogahay, oo ma fududa in aad aragto ilmahaagii aad jeclayd oo la rafaadsan mashruuc ama shaqo guri iskuulka looga soo diray. Judhiiba waxaad rabtaa inaad u tagto inaad u qabato hawshaa uu la kadeedan yahay. Waan ogahay markaad aragto ilmahaaga oo qolkiisu isku dhex-yaacsan ya-hay, waxaad rabtaa inaad adigu u soo hagaajisid, waayo waxaad ka baqaysaa in uu hagaajin waayo, qol isku dhex-yaacsanna ma rabtid inaad daawato. Marka aad aragto ilmahaaga oo caanihii uu cabbayay dhulka ku qubay, waxaad judhiiba u diraysaa shaqaalaha ama adigaa tirtiraya caanihii daatay. Intaasiba ma habboona inaad ilmahaaga u qabato. Dabcan waad hagi kartaa siduu hawsha u qaban lahaa, laakiin intaad isaga meel fadhiisiso inaad hawsha u qabato.

Mararka qaar, waxaad mooddaa, waalidku, jacaylka uu ilmihiisa u qabo in uu ku kallifayo in ay wax u qabtaan, ma aha sidaa hab lagu cabbiro dareenka jacayl ee aad ilmahaaga u qabto, ee waa curyaamin aad isaga curyaaminaysid. Waxaad jacaylka ilmahaaga ugu cabbiri kartaa siyaabo badan oo ay ka mid tahay inaad aqbashid, wakhti la qaadatid, dhagaysatid, kabaha la gashatid si aad u fahanto waxa uu dareemayo, iwm. Haddii se aad doonayso ilme mas'uul ah, oo naftiisa iyo noloshiisaba maareeya, u daa hawlihiisa isagu ha qabsadee. Xirfaduhu waxay ku samaysmaan samaynta la sameeyo. Isku day inaad hadba kolka uu sii yar waynaadaba inaad yarayso wixii aad adigu u qaban jirtay. Ogow, in hadhow marka uu ilmahaagu waynaado, uu kaligii is-diro, noqdana qof isku kalsoon, waxay in badan ku xidhan tahay sida aad yaraanta mas'uul uga dhigtid, isku-tiirsanaantana ugu tababbartid. Adigana waxaa kuugu jira nasasho iyo hawlihii aad ku karkabaysmi lahayd oo lagaa kala yareeyay, isna waxa ugu jira xirfad iyo in uu barto sida la isku diro iyo siduu noloshiisa isaga mas'uul uga noqon lahaa.

Ha Gaadho Go'aamadiisa: U oggolow in ilmahaagu go'aamadiisa isagu gaadho oo uu doorto waxa uu doonayo qabashadooda. Ha khaldamo xataa hadduu doonayo. Badi waalidku wuxu rabaa in uu ilmihiisa wax walba u dooro oo go'aamadiiso dhan u gaadho isagu, iyagoo ka baqaya in ilmuhu go'aamo khaldan qaato, taasoo laga yaabo in ay ka beel-darrayso wakhti, dhaqaale iwm. Haddii uu iskuul gaar ah doonayo in uu aado, u daa ha doortee. Haddu taqasus gaara dooranayo u daa ha doortee. Haddii uu yaryahay oo uu doorto dhar u daa ha doortee mar haddaanay dharkaasi ahayn dhar diinta iyo dhaqanka ka hor imaanaya. Ha u doorin wax walba ilmahaaga.

Haddaad doonayso in ilmahaagu noqdo ilme mas'uul ah, waxaad u baahan tahay inaad ilmahaaga doorashadooda iyo go'aamadooda aad iyaga u madax-bannayso. Waan ogahay oo adigu waxaad leedahay khibrado badan iyo xikmad aad mararka qaar og tahay go'aankan uu qaadanayo iyo dorashadan uu samaynayo in ay khaldan tahay, laakiin ma is waydiisay isagu sidee buu wax uga baranayaa khaladaadkiisa. Waalidka xakiimka ah, waxa uu ku baraarugsan yahay in aanu berri la joogi doonin ilmihiisa, sidaa daraaddeed, wuxu u ogaladaa ilmihiisa maanta oo uu la joogo in uu go'aamadiisa u madax banneeyo si khaladaadka uu samaynayo uu ugu caawiyo sidii uu casharro uga baran lahaa. Hooyo iyo aabbo, gurigiinu waa halkii ay carruurtu ku tababaran lahaayeen, uguna diyaar-garoobi lahaayeen u ban-bixidda nolol turunturrooyinka iyo turxaanta badan.

Haddaba, haddaad doonayso in ilmahaagu noqdo ilme isku kalsoon oo isagu hadhow qaata mas'uuliyadda naftiisa, inta uu ku la joogo, oo aanu nolosha arxanka daran u banbixin, u oggolow in uu go'aamadiisa iyo doorashooyinkiisa gaadho si kolka uu wax khaldo aad u caawin karayso adigoon ku diganayn oo aan ku odhanayn: maxaan ku sheegay? Miyaan ku odhan sidaa ha yeelin ama waxa ha samayn? Haddaad noqoto waalid kaligii taliye ah oo waxa uu doonayo iyo doorashadiisa uun tahay in la qaato, waxaad carruurtaada ka dhigaysaa ilme aan isku kalsoonayn, oo in wax loo diro ama loo dooro mooyee aan kalidii kalsooni buuxda ku qabin in uu wax dooran karo.

U Oggolow in uu Kufo: Ilmahaaga ha u ilaalin sidii ukuntii. Maxaan uga jeedaa? U golow in ilmaahgu mararka qaar uu kufo, in uu xanuunsado iyo in wax laga qaataba. Haddii ilmahaaga yar ilme kale wax ka qaato, intaad hor-booddo, kii wax ka qaatay ha uga soo qaadin. Haddii uu kufo, judhiiba intaad cararto ha u boodin sidiiyoo uu nabar wayn gaadhay. Haddii ay ilme kale is-dagaalaan, qaylo ha la boodin oo ha odhan ilmihiina iga ceshada. Haddii macallinku si yara kulul u la soo hadlo, ha horboodin ilmahaaga. Maxaan waxaasoo tusaale ah u soo qaadanayaa? Waxaan rabaa inaan idhaahdo, u oggolow in ilmahaagu yara dhadhamiyo kulaylka, xanuunka, kufidda iyo niyad-jabka nolosha. Waayo, maanta waxa uu haystaa waalid u ah tiir iyo gaashaan. Cid marka uu xanuunsado uu xanuunkiisa u la soo irkado. Marka u oggolow horta in uu xanuunsado mar hadduu adiga ku haysto. Ha barto oo ha wajaho xanuunka iyo turunturrooyinka yar yar, waxay u diyaarinayaan kuwa waawayn ee ay berri nolosha ku soo tuuri doonto.

Dhiirigelin Sii: Ilmuhu, kolka uu yar yahay ee uu wax isku dayayo in uu qabto, wax badan buu kufayaa. Niyad jabyo badan ayaa laga yaabaa in ay la soo dersaan. Dhiiragelin buu u baahan yahay. Wax wal oo uu isku dayayo, oo aan awooddiisa gaadhsiisanayn, wuxuun bay la mid tahay kolkii uu socod-baradka ahaa ee uu kacaa kufayay. Hawl wal oo ku cusub oo uu isku dayayo na waa tabtaasoo kale, oo wuxu u baahan yahay dhiirigelintii iyo taageeriddii aad siin jirtay kolkii uu socodka baranayay ee hadba kufayay. Dhiiragelintu, weliba dhiirragelinta ilmaha uga timaaddo hooyadii iyo aabbihii, waxay siisaa kalsooni uu wax ku wajihi karo. Haku qoslin hadduu wax khaldo. Haku canaanan hadduu wax halleeyo. Aadanuhu mas'uuliyadda u ma hollado qabashadeeda, tan naftiisaba ha ahaatee haddaanu kalsooni helin, tagaarid iyo dhiirragelinna helin. U noqo ilmahaaga taageerihiisa koowaad.

U Oggolow in uu Cod Yeesho oo uu Dareenkiisa Cabbiro: In badan oo ka mid ah waalidka, doonista ay doonayaan in wax walba iyaga ilmahooda u qabtaan ayaa waxa ay keentaa in ay xataa isku dayaan in ay ilmahooda u hadlaan. Waxaad arkaysaa aabbe wiilkiisa ay masaajidka isku soo raaceen, ayaa waxa ay iska soo hor baxayaan qof ay aabbaha is yaqaannaan, qofkii baa ilmaha su'aal waydiinaya, aabbihii baa waydiintii wiilka uga jawaabaya. Ama, masalan, ballan cusbitaal oo uu ilmuhu lahaa baa mid ka mid ah waalidku u soo raacayaa, dhaqtarkii baa ilmihii su'aal waydiinaya, judhiiba waxaad arkaysaa ilmihii oo aan hadlin waalidkii isagu su'aashii ka jawaabayo. U oggolow in ilmahaagu hadloodo oo uu doonistiisa iyo dareenkiisaba cabbiro.

TALOOYINKA CUTUBKA

- Muhiimadda barbaarintu ma aha in aad wax wal ilmahaaga aad u qabato, muhiimaddu waa in uu isagu barto sidii uu isagu iskii wax u qabsan lahaa.
- Ilmuhu fitro ahaan mas'uuliyada wuu la dhashaa - wuxuu is-diridda ku bartaa sanad iyo badh markuu jiro, usii xooji fitradiisa oo haka curyaamin.
- U oggolow in ilmuhu kaligii hawlihiisa qabsado - ha u qaban shaqada guriga, ha u samyn casharrada dugsiga, ha u xidhin dharkiisa, ha u goglin sarriirtiisa, bar in uu kaligii wax qabsado si uu u korodhsado kalsooni nafeed oo uu hadhow naftiisa ku anfici karo.
- U ogolow inuu go'aannadiisa kaligii gaaro - ilmuhu waa inuu doortaa waxa uu rabo (sida dharka, cuntada, waxa uu ka shaqeynayo) mar haddii aysan ka hor imanayn diinta iyo dhaqanka, wuxuuna ku baranayaa mas'uuliyad qaadista.
- Dhiirigeli marka uu isku dayo wax cusub - ha ku qoslin, ha canaanan, dhiirrigeli si uu u sii wado isku dayga, u ogolaaw inuu wax ku halleeyo si uu u barto sida wax loo hagaajiyo.

CUTUBKA 8
BARBAARIN BILAA JACAYL AH

8.0. BARBAARIN BILAA JACAYL AH

> Ilmaha hela jacayl bilaa shuruud ah, wuxu helay haddiyadaha dunida midda ugu wayn.
>
> La ma yaqaan (Unknown)

Sida uu jidhka aadanaha cunno iyo cabitaan ugu baahan yahay, ee ay ruuxda aadanuhuna aanay cibaadada iyo ku xidhnaanshaha Rabbi uga maarmayn, maskaxdiisuna aqoonta ugu baahan tahay, ayay carruurtuna jacaylka ugu baahan tahay in ka badan inta ay dadka waawayni uga baahan yihiin. Waayo, Ilaahay ka sokow, nolosha ilmaha yari waxay ku xidhan tahay waa hooyadii, aabbihii iyo hadba cidda barbaarinaysa. Baahiyaha uu ilmuhu waalidkii u qabo, waxa u mudan baahida in la dareensiiyo jacayl. Maaddaama ay nolosha ilmuhu ku tiirsan tahay waalidkiisa, iyaguu iska dhex daawadaa oo cilaaqada ka dhexeysa ayuu ka dhex raadiyaa aqbalaad, oggolaansho, danayn, muhiimad, kalsooni iyo ammaan. Ilmuhu, sida uu jacaylka u qeexdo ma aha sida aynu waynida u naqaan, ee waa in uu helo aqbalaad, daryeel, xanaan, taabasho, dhunkasho iyo waqti la qaadasho. In badan oo waalidka ka midi, waxay u haystaan mar haddii ay ilmaha cunto siinayaan, dhar u xidhayaan, meel wacan seexinayaan oo ay u soo iibinayaan waxayaabaha ay doonayaan, in intaasi muujinayso jacayl, laakiin sidaa ma aha sida dunida ilmaha jacaylka looga yaqaan.

In aad ilmahaaga u shaqaynayso oo aad danahaaga iyo hawlahaagii u seegto si aad ugu shaqayso, oo aad noloshooda meel u saarto, taasi adigay macno iyo dhadhan kuu samaynaysaa. Adigay ku dareensiinaysaa inaad ilmahaaga jeceshahay, oo isla jeerkaasna gudanaysaa waajibkii Rabbaaniga ahaa ee ku saarnaa. Dunida ilmaha se, taa xisaabta uguma jirto, adigay kuu baahan yihiin. Waqtigaaga ayay u baahan yihiin. Inaad la ciyaarto ayay u baahan yihiin. La joogiddaada ayay u baahan yihiin. Taabashadaada iyo dhunkashadaada ayay u baahan yihiin. Jacaylka sidaasay u yaqaannaan. Kuwaasay in la jecel yahay ku dareemaan. Baahida ay qabaanna waa taa in ka badan walxaha qaaliga ah ee aad u soo iibinayso. Tu labaad na ogow, waqtiga iyo jacaylka aad siiso carruurtaada inta ay yar yar yihiin ee ay kuu baahan yihiin, ayay ku xidhnaanaysaa inta aad ka helayso kolka aad waynaato ee aad adiguna u baahato. Si kale haddaan u dhigo, cilaaqada aad maanta la leedahay carruurtaada, gaar ahaan inta ay yaryaryihiin, ayay u eekaanaysaa cilaaqada ay ku la yeelan karaan hadhow kolka ay waawaynaadaan.

Waqtiga aad maanta la qaadato, sida aad maanta ugu sheekayso, saaxiibtinimada aad abuurto inta ay yar yar yihiin, uun baad hadhow midhaheeda goosanaysaa marka ay waawaynaadaan. Intaa waxaan arkaa waalid ku odhanaya: wiilkayga ama gabadhayda muraahaqa ah, waa uun iga sii fogaanayaan. Kolka aan ka waraysto cilaaqadii ay ilmahaa yaraantiisii la lahaayeenna, waxaa ii soo baxda in aanay cilaaqadaa iyo saaxiibtinimadaa aanay yaraantii ku soo dhisin. Eeg, in badan oo waalidka ka mid ihi waxay moodaan, in ilmahoodu isaga jeclaanayaan kali ah in ay dhaleen dartood. May, sidaa ma aha.

Jacaylka uu waalidku ilmihiisa u qabo, waa mid waalidka ku beeran. Jacaylka uu ilmuhu waalidkii u qabayana, waa mid u baahan beerid. Jacaylka uu waalidku ilmihiisa u qabo, waa mid uu Ilaahay waalidka ku beeray, waayo waa beerkiisii iyo wadnihiisii oo dhulka dul lugaynaya.

Haddaad Qur'aanka u fiirsato, mar dhaxal laga hadlayay mooyaane, soo heli maysid meelo badan oo waalidka lagu leeyahay ilmihiinna jeclaada, Laakiin waxaad soo helaysaa intaasoo meelood oo ilmaha la dhalay Ilaahay ku la dardaarmayo in uu waalidkiisa u samo falo, u garab-raariciyo, oo aanu eray xun ku odhan. Waayo, ilmuhu isagu hooyadii iyo aabbihii ma dhalin. Soomaaliduna waxay tidhaahdaa: Nimaad dhashay ku ma dhalin, oo ay ka wadaan, sinnaba ilmuhu waalidkii u ma dareemi karo, ugamana walwali karo sida uu waalidkiisu isaga uga fekerayo.

8.1. Muhiimadda ay Carruurtu u Qabto in Jacayl loo Muujiyo Waxay Xoojisaa Sidkanaanta Nabdoon (fosters secure attachment)

Cilminafsiga waxa jira aragti daraasaado fara badan lagu sameeyay oo tilmaanta in ilmuhu inta uu yar yahay, xanaanka, daryeelka, la sheekaysiga iyo guud ahaan jacayl u muujinta uu helo ama waayo ay ka dhalato sida noqoanayso cilaaqaadkiisa dambe ee uu dadka iyo duunyada la leeyahay. Ilmuhu haddu waayo jacal iyo daryeel waalid inta uu yar yahay, ee uu waalidkiisa ku tiirsan yahay, oo dareensiisa ammaan iyo kalsoonaan, wuxu yeeshaa khalkhal nafsi ah oo ay sababto in uu hadhow yeesho kalsooni darro, aaminaad la'aan, walbahaar (anxiety) iyo in uu xataa gaadho heer qulub (depression) maaddaama ay ku adkaanayso aaminaadda iyo in uu xidhiidho samaysan karo. Haddii uu helo daryeel, kalsooni, ammaan iyo guud ahaan jacayl, wuxu yeeshaa shaqsiyad caafimaad qabta oo dheellitiran oo isku kalsoon, dadkana la fal-geli karta

Waxay ka qayb Qaadataa Korriimada Maskaxda: Ilmuhu jacaylka uu helo yaraantiisa, waxay ka qayb qaadataa korriimada iyo kobiciisa maskaxeed. Marka ilmuhu inta uu yar yahay uu helo daryeel, xanaan iyo jacayl, jidhkiisu wuxu siidaayaa hoormuunno uu ka mid yahay oxytosin oo ah hormuun ka qayb qaata nidaaminta wareegyada neerfaha maskaxda, nidaamintaasoo ka qayb qaadata in ay korto qaybaha maskaxda ee u qaabilsan hab-dhaqannada qofka ee aadanaha ku aaddan, gaar ahaan xidhiidh iyo cilaaqo samaysashada. Haddii uu waayo jacaylkaasina, waxaa suuragal ah in ay koriimaada qaybahaasi hagaasto.

Waxay Dhistaa Si-isu-araggiisa iyo Kalsoonidiisa: Marka uu ilmuhu sidoo kale helo bay'ad jacayl iyo daryeel uu ka helo, oo uu helo meel lagu dhagaysanayo, lagu la sheekaysanayo, fikrad iyo aragti uu ku leeyahay, waxay dareensiisaa nabdooni iyo ammaan uu isku dhex cabbiri karo. Haddii bay'ada ilmaha uu ku nool yahay ay noqoto bay'ad qaylo, naqdin, guulguul iyo ceebayn leh, oo aanu ilmuhu aragti lahayn, waxay u badan tahay in ilmuhu yeesho dareen hoosayn, oo qiimaha naftiisa dhaawacda, taasina ay kalsoonida uu naftiisa ku qabo ay wiiqanto oo uu babac-dhigi kari waayo caqabadaha nolosha.

Waxay kobcisaa garaad-laxaweedka Ilmaha (enhances emotional intelligence): Marka ilmuhu dareemo in la jecel yahay, oo uu ku koro bay'ad daryeel, xanaan, jacayl iyo is-fahan ay ku dheehan tahay, wuxu sidoo kale kobca garaad-laxaweedkiisa (emotional intelegence). Garaad-laxaweedku, waa awoodda uu qofku naftiisa ogaal ugu yeelan karaa, dareemadiisana uu ku xakamayn karo. Sidoo kale, waa awoodda uu dadka kale ku fahmi karo dareemadooda, dabadeedna uula macaamili karo habka ugu habboon. Waa xirfado nololeed oo aasaasi u ah qofku sida uu nolosha u la fal-galayo. Marka uu ilmuhu helo guri laga jecel yahay, oo laga fahmayo, waxa xoogaysma sawirka uu naftiisa ka haysto iyo fahmidda uu isna dadka kale fahmi karo, isagoon dareemayn baqdin iyo hoosayn toona.

Waxay siisaa xammaasad waxayna ku riixdaa waxbarashada: Ilmuhu, niyadda uu waxbarashada iyo korriimada garaadeed u hayo, waxay sidoo kale in badan ka timaaddaa bay'ada uu ku nool yahay nooca ay tahay. Haddii guriga uu ilmuhu ku nool yahay aanu ahayn mid jacayl, naxariis iyo taageero oollin, oo uu waalidku intaa ilmaha ka mashquulsan yahay (Raadinta quutul-daruurigaba haku maqnaadee), oo marka uu waalidku iskuulka yimaaddo canaan iyo naqdin ilmaha kala dul dhaco, ilmahaasi niyad u ma haynayo waxbarasho. Marka se uu dareemo in waalidkii jecel yahay, oo guriga laga taageerayo, kulamadiisa iskuul uu wax ku soo ban-dhigayo ama uu ka cayaarayo laga la qayb galo, ilmuhu wuxu niyad iyo xammaasad u haynayaa waxbarashada. Wuxu isku dayayaa in uu waalidkiisa tuso waxqabadkiisa iyo dedaalkiisa maaddama uu dareemayo in waalidkiisu la socdo uu waxbarashadiisa ka warhayo.

Jacaylku wuxu gaashaan uga noqdaa xanuunnada maskaxda: Jacaylka uu ilmuhu helo inta uu yaryahay, waxay daraasaadku tilmaamayaan in ay difaac iyo gaashaan uga tahay xanuunno badan oo ay ka mid yihiin walwalka, walbahaarka (anxiety) iyo qulubka. Waqtigan aynu maanta nool nahayna aad bay daruuri u sii tahay in ilmuhu dareemo in la jecel yahay. Waayo, ilmihii korayay 20 sano ka hor iyo ilmaha maanta koraya isku mid maha. Ilmahii yaraa ee sagaashameeyadii ama wixii ka horreeyay korayay, wuxu ku noolaa bay'ad carruurta isku si loo la dhaqmayay, oo xataa barbaarintu hadday ahayd mid aan jacayl cabbiris ku dhisnayn sida bulshadeenna, haddana muu haysan wax kale oo uu barbar-dhigo. Maanta se, ilmaha yar ee maanta koraya, waxa uu intaa daawanayaa kaartuunno carruureed oo loo sameeyay carruur naga bay'ad duwan. Wuxu arkayaa carruur yar yar oo ay waalidkooda la ciyaaraya, la leexaysanayaan oo intaa laabta gelinaya oo la sheekaysanaya. Ilmuhu marka uu muuqaallada ku koro, aabbihii iyo hooyadiina aanu ka helin sheekadaa, ciyaartaa, iyo laab-gelintaa, wuxuu la korayaa xanuunno badan oo hadhow kolka uu waynaado saamayn nafsi ah ku yeesha. Waayo, sidaan horay u soo tilmaanay ba, ilmuhu in uu jacayl helo, wuxu ugu baahan yahay sida uu cunnada iyo hurdada ugu baahan yahay oo kale.

Jacaylku wuxu xoojiyaa cilaaqada ilmaha iyo waalidka ka dhexeysa: Xidhiidhka waalidnimo, cilaaqadu waa sees iyo barroosin, illaa heer la yidhaahdo, boqolkiiba siddeetan, barbaarintu waa cilaaqo iyo kalsooni waalidka iyo ilmihiisa ka dhexeysa. Cilaaqada iyo xidhiidhka wanaagsanna waxa dhisa in qofku dareemo jacayl, ihtimaam iyo danayn. Cilaaqadu wax kale ma aha oo aan ahayn xasuuso uruuray. Mar wal oo uu ilmahaagu agtaada ka helayo jacayl, naxariis, nugayl, qiimayn, danayn iyo dhagaysi, waa mar wal oo uu kuu soo dhawaanayo, ku jeclaanayo, kuguna kalsoonaanayo oo uu ku maqlayo. Mar wal oo ay badato qayladaada, dhaleecayntaada, barbar-dhiggaa, garaacaaga iyo guul-guulkaaga, waa mar wal oo uu ilmaahgu kaasii fogaanayo oo uu ku maqli waayayo.

8.2. Hababka Jacaylka loo Cabbiro

Jacayl cabbiristu waa fan. Waa wax la barto. Bulshadeennu, aad bay innooga maqan tahay saqaafadda iyo dhaqanka jacayl cabbirista. Dr. Maysara Al-Daahir kitaabkiisa "Barbaarin Jacayl ku Dhisan" (Al-tarbiyah bil Xub) ayaa wuxu ku tilmaamayaa 8 hab oo jacaylka loo cabbiro. Aaynnu tilmaanno, siddeedda hab ee uu tilmaamay Dr. Maysara, ee jacaylka lagu cabbiro.

1. Weedha Jacaylka: Weedha "waan ku jeclahay" waa odhaah yar oo kooban, qalbiga aadanaha se, gaar ahaan kan ilmaha meel bannaan u buuxinaysa. Marar badan, qofka adigoo jecel, ayaa haddana maaddaama aanay kuu caddayn hababkii loo cabbiri lahaa, waxa dhacda in jacaylkii aad laabta ku haysay aanu qofkii kale dareemin. Jacaylku, waa sida dhalada barafuunka oo kale. Dhalada barafuunku, la ma garto waxa gudaheeda ku jira illaa

laga biif-biif siiyo. Markaa uun baa la ogaadaa qiimaha waxa ku jira. Jacaylkuna waa la mid, oo haddaadan la cabbirin, la ma ogaan karo. Maalin baa saxaabi nabiga, csw, ag joogay baa wuxu yidhi: Rasuulkii Allow, hebel waan jeclahay. Markaasuu nabigu, csw, yidhi: ma u sheegtay. Saxaabigii wuxu yidhi: May rasuulkii Allow. Nabigu wuxu yidhi: orod oo u sheeg. Waxaad mooddaa in uu nabigu,csw leeyahay, orod oo ciddii la rabay in ay maqasho u sheeg, annaga ma ahee. Dareen jacaylka ee wanaagsan, looma abuurin in uu ku dhex xabbisnaado laabaha dhexdooda, waxaa loo abuuray in la cabbiro oo loo cabbiro cidda aad jeceshay.

Eegmo Jacayl: Wuxu leeyahay eegmadu, weliba eegmada jacaylku weheliyo, ee aad ubadkaaga ku eegto, waa mid ka mid ah hababka ilmaha jacaylka loogu cabbiro. Masalan, waxaad soo ag fadhiisatay ilmahaaga yar oo meel ku cayaaraya, dabadeedna waad eeg tay. Marka ay ishaada iyo ishiisu isku dhacaan, ayaad intaad si jacayl iyo naxariis ku dheehan tahay u daymooto, ayaad ku odhanaysaa: Aabbo (ama hooyo), waan ku jecel lahay. Muhiimaddu halkan ma aha weedha "waan ku jeclahay", oo iyada qodobkii horaan ku soo tilmaannay, ee waa eegmada jacayl, marka weedhaa "waan ku jeclahay" lagu lammaaninayana, way ka sii saamayn badan tahay.

2. Eegmada jacaylka si kale haddii aynu u dhigno waa daymo naxariis leh, oo ilmuhu dareemi karo inaad daneenayso ama daymoonayso. Eegmada jacaylku inay tahay qaab jacaylka loo cabbiro waxa tusaale u ah, dadka waaweyn (ninka iyo gabadhu) marka ay haasaawayaan, mararka qaar idhaha ayay iskaga cabbiraan jacaylka iyo danaynta ay isku hayaan, markaas ayuu mid walba ka kale fahmaa, in eegmadani ka duwantahay middii caadiga ahayd. Sidaasoo kale, ayuu ilmuhuna u akhrisan karaa kala duwanaanta eegmada, oo kala ah: mid cadaawad iyo dagaala, mid caadiya iyo mid kal-gacal iyo naxariis xambaarsan.

3. **Oomati Jacayl:** Oomatida jacaylku waa in xilliga cunto cunista ee la wada qadaynayo ama la wada cashaynayo hab jacayl cabbiris ah looga faa'iidaysto. Masalan, adigoo ilmahaaga mid ka mid ah meel cunto ku la cunaya, inaad si jacayl uu ku jiro aad cunto afka ugu geliso. Halkan ka ma hadlayno midda qaar ka mid ah waalidka ay ilmihii iyagoo 5 jiroo ah ama 7 jirra ah cunto afka intaa ugu gurayaan, taasi jacayl ma aha, ee waa curyaamin. Midda laga hadlayo waxa weeye, ilmahaaga oo iskii isu dabbaraya, oo kalidii yaqaan sida cuntada loo cuno, 4 jir ha ahaado ama 10 jir ha ahaadee, intaad saxankaaga cuntada meel wacan uga soo qaaddo, oo aad indho jacayl ku eegto, in aad afka u geliso, oo aad ku tidhaahdo: aabbo, waxaan u xiisay berigii aad yarayd ee aan cuntada afka kuu galin jiray. Runtii, waxay leedahay dareen kale.

4. **Taabasho Jacayl:** Hababka kale ee jacaylka lagu cabbiro waxa ka mid ah taabashada. Taabashadu waxay tilmaantaa jacayl, naxariis, qiimayn, ihtimaam iyo danayn. Daraasaadku waxay tilmaamaan in taabashada uu waalidku ilmihiisa taabto, in ay muhiim u tahay, weliba inta uu yar yahay. Waxay ka qayb-qaadataa dhismihiisa maskaxeed, waxay xoojisaa difaaciisa jidheed, sidoo kalana, waxayna ka hor tagtaa xanuuno badan oo xidhidh la leh dhiigga iyo wadnaha. Carruurta oo kali ah ma ahee, xataa dadka waawayn, taabashadu waa baahi aadanenimo oo ay qabaan oo caafimaadka jidheed iyo midka maskaxeedba waxtar wayn u leh. Dr. Mustafa Abu Sacad oo ah Cilmu-nafsi yahan tarbiyada aad uga hadla, ayaa wuxu sheegaa in ilmuhu maalintii ay dhowr iyo toban jeer u baahan yihiin in la taabto. Wuxu tilmaamaa noocyada taabasho iyo sida taabashada lafteeda loo cabbiro ay muhiim tahay in waalidku barto. Hababka taabashada jacaylka loo cabbiro wuxu yidhi waxa ka mid ah:

Fanaxyada faraha: Adigoo ilmahaaga meel la fadhiya ama wax la daawanaya in aad gacantaada faraheeda iyo gacantiisa farraxyadeeda aad is-dhex-geliso. Intaad labada calaacalood isku beegto, inaad farraxyada faraha ama meelaha ay faruhu ka bannaanyihiin aad is-geliso. Labada daan: Marka uu iskuula ka yimaaddo, inaad labada daan aad gacmahaaga labadooda baaboco aad ka saarto, waxay tilmaan oo ay muujinaysaa shawq iyo xiiso. Dhakada Sare: Waxaa sidoo kale ka mid ah hababka jacaylka taabasho loo cabbiro inaad ilmaha madixiisa halka sare aad gacanta ka saarto. Nabiguna uu aad u samayn jiray csw. Waxay tilmaantaa jacayl iyo inaad ku faanayso oo aad raalli ka tahay.

Qadaadka Dambe: Sidoo kale, taabashada aad qadaadka dambe ilmaha gacanta ka saarto ama aad ka salaaxdaba, iyaduna waa hab kale oo ilmaha dareensiiya jacayl iyo naxariis.

1. Dhunkasho Jacayl: Hababka kale ee uu Dr. Maysara tilmaamay in jacaylka lagu cabbiro waxa ka mid ah dhukashada oo ah wax aynu badi wada naqaan, laakiin badi waalidku ilmihiisa kala bakhaylo. Dr. Abu Sacad oo aan horay u xusnay, wuxu leeyahay hababka ay tahay in ilmaha jacaylka loogu cabbiro waxa ka mid ah labada daan oo laga dhunkado, oo tilmaama jacayl iyo xiiso. Sidoo kale, labada gacmood, madaxa kore iyo halka foodda iyo labada indhood u dhexeeya oo marka ay sii seexanayaan. Nabigu csw, marka laga yimaaddo xaasaskiisa, axaadiistu waxay tilmaamaan, in mar wal oo uu nabigu arko gabadhiisa Faatima uu nabigu labada indhood dhexdooda ka dhunkan jiray, salallaahu calayhi wa sallaam.

2. Hab-siinta Jacaylka: Habka lixaad ee uu tilmaamay Dr. Maysara waxa weeye in ilmaha laabta la geliyo. Laab-gelintu waa u muhiim ilmaha, oo waxay qofka u leedahay faa'iidadii taabashada oo toban jibbaaran. Daraasaadkuna waxay tilmaamaan in ilmuhu maalintii tobaneeyo jeer uu u baahan yahay in laabta la geliyo maaddaama ay tahay baahi aynu aadane ahaan qabno. Ilmahaaga maalintii marar badan laabta geli. Raadi fursado aad laabta ku geliso, weliba inta uu yar yahay.

3. Dhoollacaddayn Jacayl: Sidoo kale, waddooyinka jacayl cabbirista ka mid ah dhoollacadaynta. Dhoollacaddayntu

waxay tilmaantaa ogalaansho, ka raalli ahaansho iyo intaad ilmaha u faraxsan tahay. Sidoo kale, waxay keentaa in ilmuhu kuu soo debco, oo uu agtaada soo dhawayn iyo xasillooni ka helo. In badan oo walidka ka mida, gaar ahaan aabbaha, waxaad mooddaa in guriga kolka ay yimaaddaan ay qabri joogaan ama aad mooddo in la la soo dagaalay. Sida kolka aad saaxiibbadaada la joogto aad u qososho, u dhoollacadayso ee aad u faraxsan tahay bay tahay inaad kolka aad carruurtaada la joogtana aad u dhoollacadayso. Bal'e carruurtaada ayaa uga baahi badan cid wal oo kale. Haddii uu nabigu tilmaamay in dhoollacadaynta aad dadka u dhoollacaynayso ay tahay sadaqo ajar lagu jelayo, tan carruurtaadu u baahan yihiin baa ka sii mudan.

4. **Hu'siin Jacayl/Buste-saarid Jacayl:** Ugu dambayn, wuxu Maysara tilmaamay in go'saariddu ama bustesaariddu ay tahay hab kale oo jacaylka lagu cabbiro. Habka jacaylkan loo cabbirayo waxa weeye, masalan marka ay ilmahaagu sii seexanayaan, ee ay sariitooda tagaan, intaad go'a si wacan u huwiso, oo aad foodda ka sii dhunkato, aad sii macasalaamayso. Haddii aadan inta badan soo haleelin xilliga ay seexanayaanna, kolka aad guriga habeenkii timaaddid, inaad qolalkooda gasho, hubisina in go'u saaran yahay, haddaanu si wacan u saarnaynna, intaad foodda ka dhunkato, aad go'a si wacan u huwiso. Waxa laga yaabaa in uu jiifo, laakiin maaddaama aanay maskaxda hoose ee laa-waaciga ah seexan, wuu dareemayaa inaad u timi oo bustaha u hagaajisay oo aad dhunkatay. Is-bar, xataa kolka aad suuliga habeenkii u soo kacdo, inaad mid mid u soo hubiso go'ooda iyo gogoshoodaba, oo kii uu go'o ka qaadmo aad huwiso. Waa muhiim in waalidku caadaysto arrinta samaynteeda, waayo waalidkuna khayr iyo ajar badan buu ka helayaa, ilmuhuna jacayl, naxariis, xasillooni iyo caafimad buu ka helayaa.

TALOOYINKA CUTUBKA

- U muujinta jacaylku waa baahi aasaasi ah oo uu ilmuhu qabo - sida jidhku cunto ugu baahanyahay, ruuxdu cibaado ugu baahantahay, maskaxduna aqoon ugu baahantahay, ayaa ilmuhuna jacayl ugu baahanyahay, gaar ahaan intuu yaryahay.
- Baro oo u fiirso carruurtaada mid wal luqaddisa jacayl - ilmuhu jacaylka kuma dareemo kaliya cunto, dhar iyo wax-usoo-iibinta, balse wuxuu ku dareemaa waqti la-qaadasho, taabasho, dhunkasho, dhagaysi iyo ciyaarta aad la ciyaarayso.
- Kobci oo baro hababka kala duwan ee jacaylka loogu cabbiro ilmaha - adeegsada weedhaha jacaylka ("waan ku jeclahay"), eegmo jacayl, taabasho, dhunkasho, laab-gelin iyo dhoollacaddaynta.
- Ogsoonow, jacaylka aad ilmaha muujisaa in ay ka qayb qaadato korriimadiisa nafeed - ilmaha hela jacayl badan wuxuu yeeshaa sidkanaanta nabdoon (secure attachment), kalsooni nafeed, garaad-laxaweed wanaagsan iyo korriimo maskaxeed oo hagaagsan.
- Ku dadaal in aad cilaaqo wanaagsan la yeelato ilmahaaga, weliba intuu yaryahay - waayo cilaaqada maanta idinka dhexeeysa ayaa saamaysa cilaaqada berri idinka dhaxaynaysa marka uu waynaado. Inta uu maanta kuu baahan yahay u dhawoow oo waqti la qaado si marka aad berri marka aad waynaato, ee aad u baahato uu kuugu soo dhawaado oo uu waqti kuula qaato.

CUTUBKA 9
UBADKA OO NAF AHAAN LOO BURBURIYO

9.0. UBADKA OO NAF AHAAN LOO BURBURIYO

> *In kastuu bad-qabo ruuxu saw, dan u bokoon maayo*
> *Oo qalbigii budh wayn la la dhacaa, saw burburi maayo.*
>
> **Cabdullaahi Macallin Dhoodaan**

Waalidku, waxay Ilaahay ka sokow, gacanta ku hayaan furayaashii mustaqbalka carruurtooda. Furayaashaasina, waa sida ay u la dhaqmaan iyo erayada ay ku la hadlaan. Erayadu waxay leeyihiin awood qofka lagu dhisi karo iyo kuwo lagu burburin karo, hadday tahay dhiirragelin iyo hadday tahay niyad-jabin, hadday dhaawicid tahay iyo hadday dhayid tahayba.

Waalidku waxa uu intaa ilmaha ku la hadlaa erayo taban oo aanay u meel dayin dhibta ay carruurta u gaysan karto. Dr. Mustafa Abu Sacad, oo ah dhakhtar nafsiyeed, isla jeerkaasna ah khabiir waalidka ku tababbara barbaarinta toolmoon, ayaa kolka uu waalidka la hadlayo, ayaa wuxuu yidhaahdaa: Waalidku, waxay intaa ku doodaan in ay ilmahooda jecel yihiin, anna waxaan intaa arkaa waalid aan ilmahooda jeclayn. Waa sax oo ma jiro waalidka cid ilmihiisa ka jecel, se kolka aad eegto erayada taban ee ay intaa ku hal-gaadayaan ubadkooda, misna aad og tahay saamaynta ay erayadaasi taaganta iyo timaaddadoodaba ku yeelanayaan, ayaad odhanaysaa, hooyadan ama aabbahani, ilmihiisa ma jecla.

Erayadu, waxay leeyihiin awood qaabaysa hab-fekerka iyo adduun-aragga qofka. Waxay saamaysaa laxawyada, waxay qofka ka hor istaagaan dhaqaaqa iyo horusocodka. Afku wuxu la awood yahay sakiimaha kuwa ugu afka badan. Waatuu gabyaagii Soomaaliyeed ee Salaan Carrabeey laha "Afku wuxu la xoog yahay magliga xawda kaa jara." Bal'e, mararka qaar, kolka aad saamaynteeda ka fekerto, waxaaba la odhan karaa, erayadu waa ka awood badan yihiin hubka nukliyeerka.

Waxaan cutubkan kooban, Eebbe idamkii kaga warrami doonnaa 6 arrimood oo ay waalidku sameeyaan oo dhammaantood ay dhex ceegaagaan erayada taban (negative words), oo ay qaarkood weheliyaan wax erayga taban ka sii daran oo ah naf-burburin.

9.1. Barbar-dhigga

> Qof waliba waa cabqari, laakiin haddii aad kalluun ku qiimayso awooddiisa geed koris, inta uu nool yahay waxa uu isu haysanayaa in uu yahay mid aan waxba ku wanaagsanayn.
> **Albert Einstein**

Barbar-dhiggu wuxu ka mid yahay dilaayada waawayn ee ilmaha naf ahaan u dhaawaca. Wuxu saamayn wayn oo taban ku yeeshaa horumarkooda iyo guud ahaanba caafimaadkooda.

Waalidku isagoon war u ahayn saamaynta ay leedahay is-bar-bar-dhigga, ayuu carruurtiisa siyaabo kala duwan isugu dhereriyaa ama isu barbar-dhigaa. Marar badan, waalidku sida uu isagu jecelaysanayo iyo filashooyinkiisa ayaa waxay keenaan in uu carruurtiisa isku dhereriyo ama uu ilmo kale barbar-dhigo. Waalidku wuxu aalaaba jecel yahay midka wax ku yara wanaagsanaadaba in kuwa kalana ku daydaan oo ay sidiisoo kale noqdaan. Masalan, mid baa Qur'aan ka 8 jir ku dhammaynaya, kolkaasaa ilmaha kale lagu canaanayaa sababta uu sida hebel Qur'aanka 8 jir ugu dhammayn waayay. Mid kalaa xisaabta ku wanaagsan, markaasaa midka kale lagu canaanayaa sababta uu sida hebel isna xisaabta ugu wacnaan waayay. Waa sax in uu ilmuhu xisaabta barto oo way tahay, laakiin waxa laga yaabaa in aanay sida walaalkiisa ama walaashiis isaga ugu fududayn, oo taa baddelkeeda ay isaga wax kale oo walaalkii ama walaashii ku adag ay isaga u fududdahay.

Ilaahay, SWT, ilmo wal wuxu ka dhigay jaad-goonni horrayso iyo dambaysaba aan la soo helayn qof la mid ah. Sida ay faraha (fingerprint) dadku u kala duwan yihiin, ee tan iyo nabi Aadam iyo illaa qiyaamaha aan la soo helayn qof qof kale la faro ah, ayaa qof waliba u dhex dhigay wax isaga u gaar ah. Ilmo wal waxa jira wax uu ku wanaagsan yahay oo loo fududeeyay qabashadeeda, sidoo kalana la jeclaysiiyay si uu hadhow kolka uu waynaado uu u buuxiyo kaalinta iyo dhacanta uu nolosha ku leeyahay. Ma jiro qof nolosha macno la'aan abuuran. Waa buux dad nolosha macne-la'aan nool, laakiin ma jiro qof macno la'aan abuuran. Waxaa laga yaabaa in ilmaahaaga mid loogu talagay in uu dhakhtar noqdo, mid kale loogu talagay in uu wax dhiso, mid baa loogu talagalay in uu dadka wax baro, mid kalaa loogu talagalay in uu wax hal-abuuro. Midka loo fududeeyay in uu funuunta shareecada ku wanaagsanaado, laakiin xisaabtu ku adag tahay, ka warran haddaad barbar-dhigto kaa xisaabta loo fududeeyay. Xaalku wuxu noqonayaa inaad isku dhereriso dad kala duwan. Kaaga sii darane, siduu Aynishton ku lahaa odhaahda aan kor ku soo xusnay, waxay noqonaysaa inaad kalluun ku qiimayso awooddiisa geed-koris. Laakiin dhibta jirtaa waxay noqonaysaa, haddii aad qof ku qiimayso wax aanu ku wanaagsanayn, waxaa soo gaadhaya dhibaato kalsoonidarro ah oo uu isugu arkayo in uu yahay qof aan waxba ku wanaagsanayn. Sidaa daraaddeed, is-barbar-dhiggu, ilmaha waxa uu u gaystaa dhibtaayon nafsi ah oo badan, dhibaatooyinkaa, aynu ka xusaynaa dhowr ka mid ah Eebbe idamkii.

Barbar-dhiggu, waxay saamayn ku yeelataa sida uu ilmuhu naftiisa u arko. Kolka had iyo jeer lagu dhereriyo walaalladii ama ficiisa, iyo filasho aan waaqici ahayn, waxay ilmaha ku keentaa in uu isu arko qof wax ka khaldan yihiin, taasoo kalsoonida naftiisana hoos u dhigta. Waxay bilaabaan in ay naftooda iyo awoodahooda ka shakiyaan, halka sawirka naftooda ay ka haystaan uu sarrayn lahaana uu hooseeyo. Daraasad ay sameeyeen Duru iyo Balkis (2018), waxay ku ogaadeen in is-barbar-dhigga carruurta lagu dhereriyo cid kale ay hoos u dhigto kalsoonida uu ilmuhu awooddiisa ku qabo, sidoo kalana ay kordhiso karkabadiisa, walwalkiisa iyo walaaciisa. Waayo barbar-dhigga joogtada ah ee aanu waxba ka qaban karayn ee ay waalidkiisu ku samaynayaan, ayaa waxay ku keentaa culays iyo cadaadis, cadaadiskaa iyo culayskaasoo joogtaysmana, waxay kolka dambe sababi kartaa in ilmuhu qaado xaalado nafsiyeed oo caqabad ku noqota caafimaadkiisa guud, inta aan la gaadhin ba horumar kale oo nololeed.

Barbar-dhigga ilmaha walaalaha ah oo la is-barbar-dhigo, waxay sidoo kale keentaa in ay abuurto colaad ka dhexeysa walaalaha. Waxay keentaa in ay kala masayraan, in ay kala cadhoodaan iyo inay xumayso cilaaqada iyo xidhiidhka walaalaha ka dhexeeya. Daraasad ay samaysay Kimberly Updegraff

(2017) oo ka tirsan Arizona State University baa waxay tilmaamaysaa in cilaaqo wayn ay ka dhexeyso dagaalka is-barbar-dhigga walaalaha la is-barbar-dhigo iyo colaadda carruurta walaalaha ka dhexeysa, laga yaabo hadhow kolka ay waynaadaanna saamayn ku yeelata. Hooyo iyo aabbe wal, waxay jecelyihiin in ilmahooda berri kolka ay waawaynaadaan ay noqdaan walaalo is-jecel, is-xidhiidhiya oo is-garabsada. Haddii waalidku maanta ubadkiisa is-barbar-dhigo, waxay u badan tahay in aanu mahadin berri marku uu arko ubadkiisii oo aan cilaaqo wanaagsan ka dhexayn.

9.2. Guulguulka

In badan oo waalidka ka mida, waxay guulguulka ka dhigtaan hab ay hab-dhaqanka carruurta ku hagaan. Waxay ilmaha ku baqdin geliyaan in ay hadhow sidaa iyo sidaa ku samayn doonaan ama ay hebel oo uu ka baqanayo u sheegi doonaan hadduu samayn waayo waxa uu markaa ka doonayo. Badanaa saddex arrimood baa badi waalidka Soomaaliga ah ilmaha ku guulguulaa ama uu ku baqdin geliyaa.

Arrinta koowaad, waa hooyada oo ilmaha ku baqdin gelisa in ay aabbahood u sheegi doonto haddaanay samayn ama iska dayn waxa ay markaa ka dalbayso. Taasina labo siyoodba waa ay u xun tahay. Waa marka koowaade, may ahayn in ilmaha aabbihii oo ah qofkii qudwada u ahaa lagu baqdin geliyo. Waayo, halkii ay ahayd ilmuhu marka uu arko aabbihii oo soo socda in uu ku cararo, guulguulka iyo baqdingelintu waxay samaynaysaa cagsiga, oo ilmuhu markuu arko aabihii oo soo socda, ilmihii yaraa waaba sii cararayaa. Malahayga, in badan oo ka mid ah jiilka aan anigu ka midka ahay, sababaha aan aabbayaasheen uga baqi jirnay ee aan uga carari jirnay in ka badan inta aan ku carari jirnay, mid ka mid ah sababaha, waxa ay ahayd baqdin gelintaa ay hooyooyinkeen nagu baqdin gelin jireen aabbeyaasheen.

Cidda labaad, ee ay hooyadu ilmaha ku guulguusho waxa weeye macallinka dugsiga u dhiga iyadoo markaa doonaysa in ay casharkooda diyaariyaan. Waxaad arkaysaa iyadoo hooyadu leedahay "Haddaanan macallinka kuu sheegin." Haddii aad macallinkii dhammaa ee ilmaha barayay kalaamkii Rabbigeen, aad ilmaha had iyo jeer ku baqdin geliso, waxa dhacaysa in uu macallinka iyo Qur'aankaba la colloobo. Waayo aadanuhu, sidiisaba, wuu ka cararaa halka ay dhibtiisu ka imanayso. Kolka ay waxbarashada noqoto, waalidka iyo macallinkaba, waxa laga doonayaa in ay ilmaha ku la dhaqmaan naxariis iyo debacsanaan. Ilaahay markuu Suuratu Al-Raxmaan kaga warramayay in uu insaanka baray Qur'aanka, sidoo kalana, kolkii uu abuuray uu baray hadalka iyo af-tahamada, magacyadiisa faraha badan, wuxu ka soo doortay "Al-Raxmaan". Culimada cilmu nafsiga waxa ay yidhaahdaan, sifaadka looga baahan yahay macallinka wanaagsani, waxa ugu mudan in uu noqdo qof naxariis badan, Qur'aanka oo ah kalaamkii Rabbigeenna macallinka dhigayana waaba uu ka sii xag-jiraa. Haddaba hooyada iyo aabbuhu, haddii ay macallinkii Qur'aanka ilmaha barayay ay ku baqdin geliyaan, waxa imaanaysa in ilmuhu macallinka iyo Qur'aankaba ka cararo.

Marka saddexaad ee ilmaha la guulguulo waxa weeye in aan cid kalaba lagu baqdin galinayne, ay hooyada ama abbuhu ilmaha ka dalbanayaan in ay wax sameeyaan ama ma ahee aanay sammayn arrin ay u diiddan yihiin, oo badi la xidhiidha timaadda. Kol kaas ayay ku guulguulaan erayo ay ka mid yihiin: "Haddaan ku dili waayo", "Way inoo tahay, aan soo noqdo.", Aan arko adigoo casharkaagii qori waayay", Haddaanan suun kugu googoyn", iwm. Baqdin gelin joogto ah oo ilmaha lagu doonayo in uu wax iskaga daayo ama uu ku samayo hawl ay waalidkiisu ka doonayaan. Waxa kaloo isla qaybtan saddexdaad soo raacda, ku cabsi galinta, bahlaha, mugdiga iyo waxyaabo aan jirin oo ilmaha looga sheekeeyo, si uu markaa u aammuso, u seexdo, ama wax u cuno. Taasoo hadhaw iyana xaalado nafsi ku keenta, sida inuu yeesho baqasho, oo mugdiga ka cabsado, ama waxyaabo kale, oo la mid ah.

9.3. Mushkiladda Guulguulka

Kolka laga tago in ilmuhu la colloobayaan aabbaha iyo macallinka haddii had iyo jeer lagu baqdin geliyo, waxay sidoo kale keensataa in ilmuhu hooyada ka heybaysan waayo ama huurba iska saari waayo. Waayo, waxay arrintaasi laalaysaa oo meesha ka saaraysaa awooddaadii, oo kolka aad cid kaa baxsan aad ilmaha ku baqdin gelisid, waxay ka dhigan tahay in aanad adigu ahayn kii la xisaabtamay ee ay ahayd in la maqlo warkiisa.

Waa marka labaade, waxaa halis leh oo ay ilmaha ku keentaa in ay bahda ka saarto oo uu ilmuhu noqdo ilme dadka ka baqa. Taasina waxay abuurtaa in uu marar badan naftiisa ku kalsoonaan waayo oo meelo badan oo uu mudnaa in uu ka muuqdo ama tiisa ka geysto uu ka baqo oo uu naftiisa xaqiro.

Sidoo kale, baqdin gelintaa faraha badan ee uu ilmuhu cabsida ku nool yahay, waxay hagaasisaa korriimadiisa maskaxeed, taasoo keensata in uu hadhow yeesho xanuunno ay ka mid yihiin walwalka, walaaca iyo in uu karkabada (stress) iyo culaysyada xammili waayo.

9.4. Habaarka

Waxyaabaha kale ee ilmaha naf ahaan, adduunyo ahaan iyo aakhiro ahaan ba u burburiya waxa ka mid ah habaarka. Habaarku waa arrin aad u wayn oo aanay badi waalidku dhaadin dhibta ka dhalan karta marka ay ubadkooda habaarayaan; "Lagu sii qaad!", "Cirka laguu la bax!", "Balaayo kugu dhacday!", "Gacantu ku go'aday!", "Dhulku ku la go!", "Baalaayoqabtadii meeday?" Erayadaa musiibaysan iyo qaar kale oo badan oo adigaba kugu soo dhacay ayay waalid badani ilmahooda ku yidhaahdaan. Waxaad is waydiin kartaa, ilmo intaa la habaarayo, sidee baa khayr iyo wanaag looga filanayaa. Habaarka waalidku wuxuu ka mid yahay saddexda duco ee aanu Alle soo celin ee la aqbalo. Saddexdaa waxa ka mid ah ducada uu waalidku ilmihiisa u duceeyo (wanaag iyo habaarba). Mar kale, Nabigu wuxu xadiis saxiix ah dadka ku boorrinayaa inaan la habaartamin. Wuxu yidhi:

وَعَنْ جَابِرٍ رَضِيَ اللهُ عَنْهُمَا قَالَ: قَالَ رَسُولُ اللهِ صَلَّى اللهُ عَلَيْهِ وَسَلَّمَ: "لَا تَدْعُوا عَلَى أَنْفُسِكُمْ، وَلَا تَدْعُوا عَلَى أَوْلَادِكُمْ، وَلَا تَدْعُوا عَلَى أَمْوَالِكُمْ، لَا تُوَافِقُوا مِنَ اللهِ سَاعَةً يُسْأَلُ فِيهَا عَطَاءٌ، فَيَسْتَجِيبُ لَكُمْ" (رَوَاهُ مُسْلِمٌ)

Xadiis uu Jaabbir RA, warinayo, ayaa wuxu leeyahay: Nabigu csw, wuxu yidhi, "ha habaarina ubadkiina, idinkuna ha is habaarina, maalkiinana ha habaarina, oo yaanay is-waafaqin ducadiina iyo aqbalka Eebbe."

9.5. Qaylada

Qayladu, waxay ka mid tahay burburiyeyaasha waawayn ee ilmaha naf ahaan dhaawaca ugu gaysta. Qayladu waa mid ka mid ah waxyaabaha ay waalidkeennu ku ibtilaysan yihiin. Marar farabadan, qayladaa ay waalidku ilmaha ku qaylinayaan ka ma timaaddo khaladaadka ay ilmuhu galayaan, ee waxay ka timaaddaa waalidka oo laftiisa karkabaysan oo aan laab ahaan u

xasilloonnayn. Qayladu waxay leedahay dhowr dhibaato oo ay tahay in waalidku gebi ahaanba isaga joojiyo:
1. Qayladu waxay waxyeelaysaa unugyada maskaxda oo waxay hagaasisaa ama hor istaagtaa korriimada maskaxda.
2. Qaylada joogtada ah ay waalidku ilmahooda ku qayliyaan, waxay abuurtaa dhibaatooyin hab-dhaqan, kalsoonida ilmaha ayay hoos u dhigtaa, waxaana suuragal ah in ay gayaysiiso marka dambe in uu ilmuhu qulub qaado (depression) sida ay daraaso ay samaysay Joornalka Korriimada Carruurta (Jornal of Child Develpment) 2013.
3. Qayladu, waxay sidoo kale xumaysaa xidhiidhka waalidka ka dhexeeya. Sidaan horay u soo tilmaanay, aadanuhu wuu neceb yahay oo wuu ka cararaa halka uu xanuunkiisa ka yimaaddo.
4. Waxay hor istaagtaa waanaada iyo wax-sheegga. Badanaa marka uu waalidku ilmaha ku qaylinayo, wuu canaananayaa oo wuxu is leeyahay wax u sheeg, laakiin waxsheeggaasi ma aha mid la maqlayo. Waayo, sideedaba, qofku marka uu xaalad baqdimeed ku jiro, wuxu ku fekeraa saddex xaaladood midkood: inuu baxsado, in uu iska caabbiyo iyo in uu is-dhiibo. Ilmaha yari, maaddaamaa lagu qaylinayo oo uu ku qaylinayo qof xajimi ahaan ka wayn, wuxuun buu ku sugan yahay xaalad ah qayladan iyo sawaxankan siduu uga baxsan lahaa. Sidaa daraaddeed, ilmuhu ma maqlo waanadaada maaddama uu xaalad cabsi ah ku sugan yahay.
5. Qayladu, waxay sidoo kale lumisaa haybadda iyo hormuudnimada waalidka. Marka hooyadu ama aabbuhu maalin walba qaylinayo, way adkaanaysaa in ilmaahasi kaa haybaysto, waayo qayladu ma aha wax la mahadiyo. Sidoo kale, maaddaama waalidku yahay qudwada iyo tusaalaha koowaad ee ilmaha, waalidkuna uu jecelyahay in uu isagu ilmihiisa saamayn wanaagsan ku yeesho, ogow in qayladaada badani ay

dhaawacayso qudwanimadaada. Yaa ixtiraam u haya, oo qudwo iyo tusaale wanaagsan ka dhigta qof qaylo badan? Cidna! Bal'e waalidka iyo murabbiga qudwada laga dhigto ee la ixtiraamo, waa qofka naxariista badan oo talooyinkiisa iyo hogatusaalayntiisa si xikmadaysan u gudbiya.

9.6. Dhaliisha Badan

Eedaynta badan iyo dhaliisha tirada badan, waxay sidoo kale ka mid yihiin burburiyeyaasha waawayn ee ilmaha naf ahaan u burburiya. Daraasaad badan oo ay ka mid tahay mid ay samayay Journal of Clinical Child & Adolescent Psychology 2018kii, ayaa waxay tilmaamaysaa in waalidka ilmahooda aadka u dhaliila ay hadhow marka ay waynaadaan in ay khatar ugu sugan yihiin in yeeshaan xanuuno ay ka mid yihiin qulubka (depression) iyo walbahaar (anxiety), taasoo hadhowna saamayn taban ku yeelata xidhiidhkooda saaxiibbo, shaqo-wadaag iyo kooda qoyseedba. Eedaynta iyo dhaliisha badani ma aha wax uu ilmuhu xambaari karo, aadanuhuna ma jecla in aad loo dhaliilo, waayo waxay in badan dhaawacaysaa kalsoonidiisa nafeed iyo siduu isu arko. Nabigu, csw, ma ahayn mid dhaliil badan oo eedayn badan. Anas, RA, baa wuxu leeyahay:

عَنْ أَنَسِ بْنِ مَالِكٍ، قَالَ: خَدَمْتُ رَسُولَ اللهِ صَلَّى اللهُ عَلَيْهِ وَسَلَّمَ عَشْرَ سِنِينَ، فَمَا قَالَ لِي أُفٍّ قَطُّ، وَمَا قَالَ لِشَيْءٍ صَنَعْتُهُ، لِمَ صَنَعْتَهُ، وَلَا لِشَيْءٍ تَرَكْتُهُ، لِمَ تَرَكْتَهُ؟ (أَخْرَجَهُ الْبُخَارِيُّ)

Wuxuu Anas RA, leeyaahay, nabiga, csw baan u khidmeeyay taban sano, waligiina ima odhan "Uf". Wax aan sameeyayna ima odhan: maxaad sidaa u

samaysay? Wax aan samayn waayayna ima odhan"
Maxaad sidaa u samayn wayday?

Taariikhyahannada islaamku waxay tilmaamaan, in Anas waqtigaa 7 jir ama ugu badnaan 10 jir ahaa, taa macnaheedu waxaa weeye, Anas, RA wuxu nabiga, csw la joogay 7 jirkiisii illaa iyo 17 jirkiisii oo ah waqti kuraynimo (teenage), oo ah marxalad sideeda u dhib badan. Haddana, Anas wuxu tilmaa-mayaa in aanu Nabigu, csw, aanu wax uu sameeyay ku odhan maxaad waxaa u samaysay oo ah dhaliilid, wax uu samayn waayayna aanu odhan maxaad u samayn wayday oo ah eedayn. Sidaasay ahayd tarbiyayntii xabiibkeenna iyo tusaalaheennu, naxariis iyo nabadgalyo korkiisa ha ahaatee.

9.7. Cayda

Waalid badan wuxu sidoo kale adeegsadaa erayo cay ah iyo naanaysyo xun oo saamayn ku yeesha is-ahaansha ilmaha iyo siduu isku arkayo. Waxa ay ku yidhaahdaan erayo badan oo ay ka mid yihiin Nacas, fulay, eey, doqon, daanyeer, doo-faar, dameer, shaydaan, balaayo, saqajaan, iyo qaar kale oo badan. Waxaa kale oo jira erayo cay ah oo ay abuurtooda wax ka sheegaan sida: Haddu il-dabayo la yidhaahdo "weershe" ama "il-dab" hadduu yara af-waafisan yahay oo lagu yidhaah-do "af-wayne", hadduu yara gaaban yahay lagu yidhaahdo "Irrif", "jilbo-gaab", "gaabow", haddu madax wayn yahay, lagu yidhaahdo "madaxeey". Dhammaan erayadaasoo dhan, waxay saamayn ku yeeshaan ilmaha naftiisa. Waxa ay sameeyaan lax-awgiisa iyo dareemadiisa. Waxa ay dhawaacaan kalsoonida naf-tiisa iyo sida uu isu arko.

Eraygu waa awood. Waa awood aad ilmahaaga naftiisa ku burburin karto, sidoo kalana aad ku dhisi karaysa. Sidaan kor ku soo xusnayna, erayadaa wax dhaawacaya ee aan ubadkeenna ku nidhaahno hadday tahay: cayda, guulguulka, dhaliisha, bar-bar-dhigga, qaylada iyo kuwa la mid ah, dhammaantood, sababta innaga keenta ma wada aha ubadka iyo khaladaadka ay samaynayaan. Waxay u badan tahay in ay tahay naftaada gudaheeda oo aan xasilloonayn. Qofku marka uu karkabaysan yahay oo ay laabtiisa iyo maankiisuba aanay degganayn, war badan u ma hayo waxa uu odhanayo iyo dhibta ay keensan karto labada. Isku day inaad iska warhayso, oo aad naftaada ogaal u yeelato si aad isku xakamayn karto marka aad cadhooto, sidoo kalana mar walba ku baraarugsanow dhibta ay yeelan karaan hadalladaada. Waayo war u ma haysid sida ay maskaxda carruurtu u tarjuman karto erayadaada.

TALOOYINKA CUTUBKA

- Erayadu waxay leeyihiin awood qofka lagu dhisi karo iyo kuwo lagu burburin karo, hadday tahay dhiirragelin iyo hadday tahay niyad-jabin, hadday dhaawicid tahay iyo hadday dhayid tahayba.
- Barbar-dhiggu wuxu ka mid yahay dilaayada waawayn ee ilmaha naf ahaan u dhaawaca. Wuxu saamayn wayn oo taban ku yeeshaa horumarkooda iyo guud ahaanba caafimaadkooda.
- Ka fogow guulguulka iyo baqdin-gelinta - ha ku baqdin gelin ilmahaaga aabbihii, macallinkiisa ama waxyaabo cabsi leh, waayo waxay wiiqaysaa kalsoonisa, waxay ku abuuraysaa baqdin iyo walwal laga yaabo in ay u gaysato xanuunno nafsi ah.
- Yaree eedaynta iyo dhaliisha badan. Eedaynta iyo dhaliisha badani ma aha wax uu ilmuhu xambaari karo, aadanuhuna ma jecla in aad loo dhaliilo, waayo waxay in badan dhaawacaysaa kalsoonidiisa nafeed iyo siduu isu arko.
- Jooji qaylada - qayladu waxay waxyeelaysaa unugyada maskaxda ilmaha, waxay wiiqaysaa kalsooniidda naftiisa, waxay dhaawacaysaa cilaaqada idinka dhexeysa, waxayna hor istaagaysaa waanada iyo waxsheegga.

CUTUBKA 10
MUSHKILADDA MUSHKILADAHA

10.0. MUSHKILADDA MUSHKILADAHA

Khaladka ugu wayn khaladaadka waalidku galo, waa in waalidku khalad kasta oo uu ilmuhu galo uu ka dhigayo in ay tahay mushkilad. Wax wal oo ay carruurta sameeyaan, waxaad moodaysaa in ay ishooda qabanayso uun mushkilad xal u baahan. Haddu ilmuhu guriga ku cayaarayo wuu dhibsanayaa oo wuxu ku odhanayaa fadhiista, oo sidaa iyo sidaa ha yeelina. Haddii uu dibadda u boxo wuu u baqayaa oo waxaad mooddaa in ilmuhu wax khaldan soo samaynayo. Ficillada ilmaha oo dhan waxa uun uga dhex muuqanaya mushkilad uu u arko in ay tahay in la xalliyo. Haddii uu waalidku wax aan mushkilad ahayn mushkilad ka dhigo, mushkilad aan meesha oollin baa timaadda. Maalin, annigoo waalid tababbar qaadanayay kala hadlaya dhibta ay leedahay mushkiladdani, ayaa waxaa sheeko nala wadaagay aabbe Soomaaliyeed oo deggan Maryakanka. Wuxu yidhi, waxa jira wiil labaatan jir ah aan dhalay oo dhibta mushkiladdan ay leedahay darteed ku dibjiray.

Wuxu yidhi, wiilkaygu wuxu ahaa wiil gelinna iskuulka aada, gelinka kalana shaqo dhowr saacadood ah soo shaqaysta. Laakiin guriga marka uu yimaaddo ayuu wuxu aad ugu waalnaa in uu baleey isteeshanka (play station) cayaaro. Hooyadii baa dhibsatay qolka uu had iyo jeer isaga dhex jiro. Way la dagaashay wiilkii oo waxay ka jajabisay qalabkii uu ku cayaarayay (Play station). Anigu waxaan ahaa taraagle, oo inta badan waan ka maqnaa guriga. Hase ahaatee, markaan arko xaaskayga iyo wiilkayga oo isku haysta arrintaa, waxaan xaaskayga ku odhan jiray, mar hadduu wiilku iskuulkiisa aadayo, shaqaysanayana, inta uu guriga joogo iska daa ha iska cayaaro gaymkiisa. Way i maqli wayday. Wuxu yidhi, markii ay hooyadii wiilkii gamynkii iyo qolkii uu iska fadhiyay kala dagaalamtay, wiilkii wuxu bilaabay in uu dibadda u boxo, wuxuuna yeesho saaxiibbo aan wanaagsanayn, wuxu bilaabay in uu aayar aayar iskuulkii iyo shaqadii isaga hadho, illaa uu bartay mukhaadaraad. Marka wax aan mushkilad ahayn aad mushkilad ka dhigto, waxa mushkilad noqda wax aan mushkilad ahayn.

10.1. Maxaa Khalad ah Maxaase Mushkilad ah?

Khaladka tarbawiga ah, wuxu msuhkilad cilaajin u baahan noqdaa marka laga helo dhowr sifo.

1. Ma og yahay in waxa uu samaynayo khalad yahay mise ma oga. Haddii aanu ilmuhu ogayn waxan uu samaynayo in ay khalad tahay iyo in kale, maagis iyo canaan u ma baahna, qofku waxa uu jaahilka ka yahay in loogu cudur-daaro ayuu u baahan yahay
2. Khaladkan ilmuhu sameeyay ma yahay khalad soo noqnoqday mise waa mid mar iyo dhif u dhacay. Haddii uu yahay wax aan soo noqnoqan oo dhif iyo naadir ah, wixii dhif iyo naadir u dhaca xukun ma laha.
3. Khaladkan ma yahay wax ay sameeyaan dadka la da'da ah? Haddii ay da'da uu ku jiro ay dabiici ka tahay is-moogaysiin bay u baahan tahay. Waxa jira wax khaladaad inoo ku muuqda oo laakiin marka loo eego da'da uu ilmuhu ku jiro iyo marxaladda cumriga ah ee uu marayo caadi ka ah. Masalan,

in wiilka muraahaqa ah (teenager) in uu carruurta ka yar yar albaabka qolkiisa ka soo xidho oo uu yidhaahdo qolka iiga baxa, waa dabiici. In uu caajis bato ama cadho bato ama badsado saaxiibbo raacis, intaasiba waa dabiici, waayo waxa uu ku jiraa marxalad kala guur ah oo ay isbaddello badan gudihiisa ka dhaacayaan. Waxaa ku socda isbaddel baayoolaji, mid nafsi ah, mid jidheed iyo mid laxaweed, intaba, waayo hoormuunnadiisaa (hormones) baaxaadagaya. In badan oo ka mid ah ficilladiisa iyo hab-dhaqammadiisa xaaladdaa uu ku jiraa saamaynaysa ama sababaysa in uu sidaa u dhaqo. Haddu cadhoodo aad buu u cadhoodaa, hadduu farxo aad buu u farxaa, haddu wax jeclaado aad buu wax u jeclaadaa, haddu wax noco aad buu wax u nacaa. Intaasiba waa dabeecadda da'diisa. Tusaale kale, haddii ilmuhu 2 ama 3 jir yahay, oo uu oohin bato ama wax diidis bato, wax uu kas u samaynayo ma aha, ee waa xaalad iyo marxalad dabiici ah oo uu marayo. Waayo, waa marxalad uu ilmuhu doorasho iyo doonis yeeshay, doonistiisaas iyo doorashadiisana uu rabo in uu meel mariyo, sidaa daraaddeed waa in uu wax diidis iyo wax doonis yeesho, taasoo marar badan ka hor iman karta taada.

4. Arrinta 4-aadna waxa weeye, waxan uu ilmuhu samaynayo, noloshiisa miyay caqabad ku tahay? Waa waydiin kale oo muhiim ah in uu waalidku is waydiiyo. Haddii uu ilmahaagu fiidyoo gaym (video game) guriga ku cayaaro, miyay ciyaartiisaasi ka hor istaagtaa waxbarashadiisa? Haddaanay ka hor istaagin, wax caadi ah ka soo qaad oo mushkilad ha ka dhigin.

Khalad wal oo tarbayadeed, ma aha mushkilad u baahan in la xalliyo. Sidaan soo tilmaannayba, hadday tahay wax aanu ogayn, wax-baris bay kaa rabtaa, haddii ay dhif iyo naadir tahay, dhimrin bay kaa rabtaa. Hadday tahay wax da'diisa laga filan karo oo caadi ka ah na is-moogaysiin bay kaa rabtaa. Ugu damabaynna, haddii aanay caqabad noloshiisa ku ahayn, u daa, oo ha ka dhigin mushkilad. Sidaan horay u soo tilmaannay, wax aan mushkilad ahayn, haddaad mushkilad ka dhigto, waxay noqotaa ama abuurtaa mushkilad dhab ah. Khalad kasta oo tarbawi ah, ma aha mushkilad. Aan ku celiyo, khalad wal oo tarbiyadeed, ma aha mushkilad u baahan in la xalliyo.

10.2. Maxaa Keena in Waalidku Khaladaadka Tarbiyadeed uu Mushkilad ka Dhigo?

Waalidku in uu khaladaadka tarbiyadeed mushkilad ka dhiga, waxa sababa dhowr arrimood. **Waalid Naqdin badan:** Waalidka naqdinta badan waa waalid had iyo jeer ku fooggan iimaha iyo khaladaadka. Waxa uu leeyahay indho tuqsiyeed. Qofku marka uu leeyahay indho duqsi, indhihiisu wax xun mooyee wax san ma qabtaan. Wax walba waxa uu ka eegayaa dhan taban iyo waxa sixidda iyo wax ka baddelidda u baahan, noloshuna sidaa ku ma dhisna. Wax badan baa u baahan in aad is-moogaysiiso oo aad is-dhaafiso. Marka aad waalid tahay murabbi ahna, wayba ka sii xag jirtaa.

Waalid Jecel in uu wax Kasta Maamulo: Waalidku haddii uu yahay waalid jecel in ay gacanta la galaan oo maamulaan arrimaha carruurtooda quseeya oo dhan, oo aanu ilmihiisa u ogalaan fakaak (space) in uu siiyo uu isagu noloshiisa ku maamusho, go'aammadiisana ku gaadho, waxay ilmaha iyo waalidkaba ku keentaa culays. Waxaa adkaata in waalidku iska caabbinta xorriyad-doonidda ilmaha ka dhalanaysa uu u adkaysan waayo, ilmuhuna xorriyad la'aanta waalidka ka imanaysa ay u dul-qaadan waayaan, halkaan ay ka dhalato is-fahan darro iyo cilaaqo xumo ilmaha iyo waalidka ka dhexeysa.

Dhammays-doonnimo (Perfectionism): Waalidku haddii aanay filashadiisu waaqici ahayn, oo uu doono in ilmuhu wax wal uu u qabto sida uu isagu jecel yahay iyo si ka sarraysa, waalidku wuu ku dhibtoonayaa, ilmahana waxay ku keenaysaa kalsoonidarro, maaddaama aanay hab-dhaqankiisa iyo wax-qabadkiisu aanu mar walba filashada waalidkiisa buuxin karin.

Laxaw ahaan in aanu Xasilloonayn: Sidoo kale, waxa marar badan keenaya in waalidku ficillada ilmaha iyo khaladaadka tarbiyadeed uu u dul-qaadan waayo, una arko mushkilad cilaajin u baahan, waa in waalidku laftiisu aan laxaw ahaan u xasilloonayn. Horay waxaan u soo tilmaanay, in haddaanu waalidku baran sida karkabooyinka (stress) nolosha la isaga maareeyo, ay sababayso in ficillada carruurta uu u dul-qaadan kari waayayo. Waayo, karkabada (stress) aan la iska maarayni, waxay saamayn ku yeelataa maskaxada, laxawga iyo hab-dhaqanka qofka, intaba. Wuxu qofku noqdaa xasaasi ay fartu gaadhayso. Waxay keensataa in hab-dhaqanka ciyaalka uu dhibsado, oo u dul-qaadan kari waayo.

TALOOYINKA CUTUBKA

- Khaladka ugu wayn khaladaadka waalidku galo, waa in waalidku khalad kasta oo uu ilmuhu galo uu ka dhigayo in ay tahay mushkilad.
- Iska jir in aad khaladaadka yaryar oo ilmuhu galo mushkilad wayn ka dhigto - mushkiladdaa yar ee aad waynaysay, waxay abuuri kartaa dhibaato dhibaato ka wayn oo aan markii hore meesha oollin.
- Waa in aad kala saarto khaladka iyo mushkiladda - khalad walba ma aha mushkilad, khaladku wuxu mushkilad noqdaa marka uu yeesho 4 sifo:

  1) in uu og yahay waxa uu samaynayo in uu khalad yahay,

  2) In uu yahay mid soo noqnoqday,

  3) Dabiici in aanay ka ahayn da'aaddiisa in uu khaladkaa sameeyo,

  4) Noloshiisa in ay caqabad ku tahay.
- Ku baraarugsanow in badi waxa aad u arkayso "khalad" ay tahay dabciyada caadiga ah ee ilmaha marka uu da'aha kala duwan marayo - oo uu yahay wax ay tahay in la baraarujiyo haddu khaladan yahay, marar badanna la is moogaysiiyo.

KU SAABSAN QORAAGA

MUBARAK HADI

Múbarak Hadi, waa qoraa, tababbare iyo daaci ku nool dalka Maraykanka. Wuxu waxbarashadiisii jaamacadeed ku qaatay isla dalka Maraykanka isagoo bartay cilmiga bulshada & cilmu nafsiga. Waxa uu agaasame ka yahay xarunta Success Leadership Center oo ay xarunteedu tahay Minneapolis. Sidoo kale waa mid ka mid ah aasaasayaasha Machadka Horumarinta Awoodaha Aadanaha ee PHD Center oo ay xaruntiisa tahay isla dalka Maraykanka. Mubarak-Hadi, waa qoraaga buugga caanka ah ee "Garaadso Intaadan Guursan" oo badi gayiga soomaalida lagu soo ban-dhigay. 10 kii sano ee la soo dhaafay, wuxu ku hawlanaa majaalka tababbarka iyo waxbarista, isagoo tababarro iyo talooyinna siiyay boqollaal qof. Wuxu sidoo kale leeyahay maqaallo iyo muuqaallo door ah oo ay daawadeen in ka badan 50 million oo qof.

TIXRAAC

SOOMAALI:

Cabdi, Maxamuud Maxamed. *Quraanka Kariimka iyo Tarjamada Macnihiisa ee Soomaaliga*. (al-Madiinah, Sacuudi & Muqdisho, Soomaaliya: Wadajirka Adeegaha Labada Xaram ee Sharafka Badan Boqor Fahad ee Daabacaadda Jaamaca Sharafta Badan, 1405/1985).

Kayd, Yuusuf Maxamed. *Toosi Ubadka*. (Unknown)

Madar, Xasan. *Barbaarsame: Barbaarinta iyo Toosinta Ubadka*. (Unknown, Self Published, 2024).

Shafey, Cabdalla. *Sidee ilmahaagu kuu Maqlaa: Faham Ilmahaaga oo Farxad Kula Noolow*. (Unknown, Self Published, 2022).

ENGLISH:

Campbell, Ross. *The 5 Love Languages of Children: The Secret to Loving Children Effectively*. Northfield Publishing, 2016.

Faber, Adele, and Elaine Mazlish. *How to Talk so Kids Will Listen & Listen so Kids Will Talk*. Piccadilly, 2013.

Foster, Vivian. *Anger Management for Parents: The Ultimate Guide to Understand Your Triggers, Stop Losing Your

Temper, Master Your Emotions, and Raise Confident Children. Star Spark Press, 2022.

Lahey, Jessica. *The Gift of Failure: How the Best Parents Learn to Let Go so Their Children Can Succeed.* Harper, an Imprint of HarperCollinsPublishers, 2016.

McCready, A. (2013). *If I have to tell you one more time--: The revolutionary program that gets your kids to listen without nagging, reminding or yelling.* Tarcher.

Nelsen, Jane. *Positive Discipline: A Classic Guide to Helping Children Develop Self-Discipline, Responsibility, Cooperation, and Problem-Solving Skills.* Ballantine, 2006.

Neufeld, Gordon, and Gabor Maté. *Hold on to Your Kids: Why Parents Need to Matter More than Peers.* Vermilion, 2019.

Reischer, Erica. *What Great Parents Do: 75 Simple Strategies for Raising Kids WHO THRIVE.* TarcherPerigee, 2016.

Siegel, Daniel J., and Tina Payne Bryson. The Whole-Brain Child Workbook: Practical Exercises, Worksheets and Activities to Nurture Developing Minds. PESI Publishing & Media, 2015.

_____. and Tina Payne Bryson. *No-Drama Discipline: The Whole-Brain Way to Calm the Chaos and Nurture Your Child's Developing Mind.* Scribe, 2021.

_____. *Brainstorm: The Power and Purpose of the Teenage Brain.* Langara College, 2017.

Tsabary, Shefali. *The Conscious Parent: Transforming Ourselves, Empowering Our Children.* Namaste, 2018.

Perry, Philippa. *The Book You Wish Your Parents Had Read (and Your Children Will Be Glad That You Did).* Penguin Life, 2023.

WEBSITE:

https://healthtalk.unchealthcare.org/4-reasons-not-to-spank-your-child-and-4-things-to-do-instead/

https://www.sahmplus.com/why-discipline-important-children/

https://kidshealth.org/en/parents/discipline.html

https://www.todaysparent.com/family/discipline/proven-ways-to-finally-stop-yelling-at-your-kids/

https://psychcentral.com/lib/the-5-cs-of-effective-discipline-setting-rules-for-children#1

https://extension.psu.edu/programs/betterkidcare/early-care/tip-pages/all/touch-why-we-need-it

https://www.everydayhealth.com/kids-health/parenting-boys-vs-girls-how-different-it/

https://www.industrytap.com/knowledge-doubling-every-12-months-soon-to-be-every-12-hours/3950#:~:text=-Knowledge%20Doubling%20Curve&text=For%20example%2C%20nanotechnology%20knowledge%20is,of%20knowledge%20every%2012%20hours.

ARABIC:

القرآن الكريم

صحيح البخاري

صحيح مسلم

سنن الترمذي

مسند الإمام أحمد بن حنبل

القواعد العشر أهم القواعد في تربية الأبناء - عبدالكريم بكار

كذا نربي ٥٠ معياراً لتربية المراهق - د. مصطفى أبو سعد

الأطفال المزعجون: ٤٠ سلوكاً يزعج الآباء والأمهات - د. مصطفى أبو سعد

التربية الذكية - جاسم محمد المطوع

تربية الطفل حقوق الطفل في الشريعة الإسلامية - رأفت سويلم

البداية والنهاية - لابن كثير

www.ingramcontent.com/pod-product-compliance
Lightning Source LLC
Chambersburg PA
CBHW020416080526
44584CB00014B/1349